我
们
一
起
解
决
问
题

Getting Past Your Breakup

如何结束一段关系

How to turn a devastating loss into the best thing that ever happened to you

亲密关系的丧失与重建

[美] 苏珊·J. 埃丽奥特（Susan J. Elliott）著

王 静 译

人民邮电出版社

北　京

图书在版编目（CIP）数据

如何结束一段关系：亲密关系的丧失与重建 / （美）
苏珊·J.埃丽奥特（Susan J. Elliott）著；王静译
. -- 北京：人民邮电出版社，2023.9
ISBN 978-7-115-62278-5

Ⅰ. ①如… Ⅱ. ①苏… ②王… Ⅲ. ①人际关系—通
俗读物 Ⅳ. ①C912.11-49

中国国家版本馆CIP数据核字(2023)第132324号

内 容 提 要

　　没有人是一座孤岛，我们都生活在一段段或近或远的关系中，但并非每一
段关系都会持续一生。那些亲密关系的丧失，不论是与至交好友、亲密爱人还
是血脉至亲，都会让我们感情受创，甚至自尊受到伤害，自我价值感降低。此
时，你内心可能不断地纠结：到底出了什么问题？

　　《如何结束一段关系》陪你走过这段伤心之旅，陪你面对其间的愤怒、内
疚、焦虑、迷茫、矛盾、执着等情绪，让你不再因恐惧而否认、逃避或用不健
康的方式应对，帮助你放下内心的纠结并以此为契机，盘点过往生命，梳理过
往关系，学会善待自己，重塑自我形象，勇敢说"不"，活出不讨好的人生。
当你运用书中提供的工具，建立起内部和外部支持系统，逐步处理哀伤后，你
就可以一步步地走出受困的关系模式，拿回人生的主导权。

　　本书适合分手、离婚、亲人离世及具有人际关系困扰的人阅读。

◆　　著　　　[美]苏珊·J.埃丽奥特（Susan J. Elliott）
　　　译　　　王　静
　　责任编辑　柳小红
　　责任印制　彭志环

◆　人民邮电出版社出版发行　　北京市丰台区成寿寺路11号
　　邮编　100164　电子邮件　315@ptpress.com.cn
　　网址　https://www.ptpress.com.cn
　　固安县铭成印刷有限公司印刷

◆　开本：880×1230　1/32
　　印张：8.5　　　　　　　　　　　　2023年9月第1版
　　字数：161千字　　　　　　　　　2025年8月河北第10次印刷
　　著作权合同登记号　图字：01-2016-3967号

定　价：59.80元
读者服务热线：（010）81055656　印装质量热线：（010）81055316
反盗版热线：（010）81055315

致我的孩子们，

克里斯托弗，迈克尔，尼古拉斯，吉娜

成功就是有人朝你扔砖头，

你用它来打地基。

——戴维·布林克莱

本书收获的赞誉

　　在美国有大约 43% 的婚姻走到了分居或离婚的阶段。需要正视的是，大多数人一生中都至少会经历一次失恋。作为演说家和哀伤咨询师，埃丽奥特深知许多人无法成功地摆脱分手的痛苦，这很可能会成为其生活与职业发展的羁绊。她从亲身经历与实践案例出发，针对那些在前任门前徘徊或沉溺于自责中的人提出了非常切实可行的建议。她倡导"快速戒瘾"和全面的"断联"原则，同时又考虑到可能有共同好友、相同工作场所的现实情况，还提出了帮助孩子面对父母离婚的法则。一段关系结束在很大程度上就像一个心爱的人离去，埃丽奥特带我们重新审视了哀伤的过程与处理哀伤的重要性。虽然对哀伤进行自我反思并不能保证一切都会变成你所期待的样子，但你会从中获得长足的进步、内在的平静、清晰的意识，成就更有力的自我。

出版人新闻网

埃丽奥特的这本书可谓是雪中送炭，任何人都可以借此度过心碎期，并从中汲取力量。作者抱持着同理心娓娓道来，给出了切实可行的引导，读罢顿觉心扉被打开，整个人都可以整装待发了。书里的工具是无价之宝，对追求卓越的感召是如此振奋人心，这使本书在浩如烟海的自我成长图书里能够脱颖而出。

蜷缩着品好书网

本书的每一步想必都是经过作者精心编写的，其中凝结着作者的心路历程、专业修为，以及作为哀伤咨询师的积淀。

本周前言

本书明确指出人们在分手的开始阶段容易陷入的误区，进一步说明了该怎样避免这些误区。埃丽奥特向我们呈现了怎样借助痛苦成长，重新审视自己的目标，进而创造更健康的生活。

书评

这本书对于分手后重寻自我的人很有效，放在任意一家普通图书馆都会受到借阅者的追捧。

中西部书评

我们认为，值得把这本书推荐给所有正在寻找更多理由来让自己拥抱健康生活的人。

中西部书评

这本书是学习如何结束一段关系的绝佳选择，它不仅有助于人们处理关系结束的阵痛，还能够引导人们穿越分手的哀伤，借此成长为一个更强大、更美好的人。书中的话题，如面对分手迷思（我需要做个了结）和设定边界（怎样避免重蹈覆辙）让人眼前一亮，与全书整体的基调、风格很一致。强烈推荐！

美国原创内容生活网站（纽约时报集团旗下网站）

这是一本经过深思熟虑的好书，对如何应对分手居然分析得如此透彻、到位。作者在第 6 章和第 8 章中谈到的话题，恰恰是很多这类图书所忽视的部分。第 3 章讲述的解脱的第一要务是所有失恋后受到重大打击的人都不容错过的。最突出的是，作者提出了人们在分手后"需要做个了结"的说法。每一章都经过精心设计，同时附有切实可行的具体指导。作者的笔调温暖而亲和，让人丝毫感觉不到她有任何评判或优越感。

美国原创内容生活网站（纽约时报集团旗下网站）

如何结束一段关系
亲密关系的丧失与重建

针对如何度过分手后被孤独与寂寥填满的抑郁期，这本实用的书给出了有用的建议。如果你请不起一位私人治疗师，该书会有效地帮你拿回生活的主导权，而不是被悲伤的情绪淹没。

美国爱情交友网

本书的与众不同之处在于作者也曾遭受同样的心痛。如果你正想要摆脱婚姻失败或关系破裂带来的伤痛，那么这本书你非读不可，它会帮助你穿越痛苦与折磨。本书给那些痛苦中的人带来了希望。它展现了你要怎样把这段经历转化成财富，并借此改变你的人生。

中西部书评

如果你正在分手恢复期，那就翻翻这本书吧。

堪萨斯城明星报

从关系破裂后的挫败到心烦意乱，再到勇敢应对与疗愈，埃丽奥特在心碎的四面夹击中找到了出路。这本书会让你看到一个晶莹剔透的美好未来。

书呆子评论

其实分手是改变人生的很好契机，而本书告诉你要如何把握这个契机。本书可以作为一本行动指南，让你摆脱上一段关系的阴影，拿回属于自己的能量。读了书里的情感故事与应对策略，你会备受鼓舞，它将协助你走出失恋，找回自信，敞开自我，追寻真爱。有了这本书，你的确可以做到。

约会建议网

亲爱的，你可以

在几座城市间飞来飞去的间隙，接到为这部即将出版的翻译作品作序的邀约。

夜深人静，打开书稿，读完原作，这20年来我所陪伴过的无数经历分手之痛的脸庞又在眼前重现，犹如庞德笔下"潮湿的黑色树枝上的花瓣"。

印象最深的一片花瓣来自大洋彼岸。早年陪丈夫海外打拼创下家业的她，年近40时，却遭遇婚变。丈夫为了第三者而提出分手，故作坚强的她被8岁女儿一句"妈妈你快点学化妆啊，再不学，爸爸就真的不要我们了……"彻底击垮。连女儿也认为是自己的错，明明是受害者的自己到头来却要承担全部罪责？

磨难最多的一片花瓣是一位全职妈妈。身怀二胎时丈夫出轨，她好不容易从痛苦中站立起来准备好结束关系，丈夫却突然回心转意。和天下多数母亲一样，她默念着"为了孩子"，积极调整自己、尽力包容接纳，然而好景不长，孩子出生后被发现患有先天性疾病，丈夫不但没有安慰她，反而扔下一大堆责怪后扬长而去……

也有相反的花瓣。没有孩子的她，在丈夫提出离婚后，听从朋友的建议"生子留人"。办理离婚手续前，她真的怀孕了，看起来天遂人愿。喜出望外的她恳请丈夫留下来，经过协商，丈夫也真的同意了，说"如果是儿子，我一辈子都不会再提离婚"。这段婚姻带着悬念维持了几个月之后，女儿出生了……丈夫连面都没露，委托律师速战速决，而她，从此以后不允许女儿喊自己"妈妈"……

最小的一片花瓣是一位因为男友提出分手而企图自杀的上海女大学生。家人送她来见我之前，她的表哥想出了一个"土办法"阻止她自杀：每晚想方设法让她喝一小杯黄酒，理由是："醉了，睡了，就没那么痛了，总比死了好。"

还有和这本书的原作者经历相似的花瓣：自己遭受切肤之痛，通过心理咨询逐渐走出人生低谷之后，继续自我成长和学习，最终也成了一名优秀的助人者。

也许你发现了，这些"花瓣"绝大多数都是女性。并不是没有男性承受分手之痛，只是相比之下，女性要面临的现实挑战和自我重建难度要大得多。

我猜想，这本书的读者，除专业人士外，大多数也是女性。不是因为女性比男性更脆弱，而是女性更愿意在关系产生变故之后向内探索和学习。作为心理咨询师，我同样期待着更多男性也以这样的方式来进行生命的重建，减少更多这样的悲剧发生。

无论男女，因缘和合或寂灭之间，愿我们都能在专业人士或图书的帮助和陪伴下，活成一朵新生之花，留下一片记忆的花瓣。然后将所有的花瓣穿在一起，织成一幅柔软而厚重的人生阅历花毯，纪念过往，更温暖未来，给那些还在分手后探寻疗愈之路的人们一个可以蜷缩依靠、歇脚小憩、寻觅共情与抱持、获取信心与路径的安心之地。

所有面临关系断裂与自我重建的来访者，在咨询中常常反复会问一个问题："老师，我真的可以吗？"

最初，他们会问："我可以相信他/她吗？"

接着，他们会问："我可以离开他/她吗？"

然后，他们又问："我可以相信我自己吗？"

最后，他们问："我可以重新开始自己的生活吗？可以在单亲家庭里让孩子健康成长吗？可以不再让孩子经历我所经历的痛苦吗？"

……

每一个阶段的问题，都会伴随一段时间的针对性疗愈。我会和我的来访者一起，绘制自己的人生路线图，看见原生家庭在自己亲密关系中的缩影，了解分手是"共修关系"的结束和新的自我修行的开始，读懂遭遇变故后人人会有的心理变化周期，学习善待自己，建立健康的人我界限，帮助不同年龄段的孩子度过家庭变故期，减少心理创伤，进行"离婚商谈"，为新的家庭关系模式做好规划和角色适应……

以上这些大多要经历 2 ~ 3 年才能逐渐完成的功课，苏珊·J. 埃丽奥特女士在这本书里详细地呈现了出来，并且附以有效可行的练习。我想，无论你是专业人士还是普通读者，一定都会有真实不虚的获益。

同时，我也相信：透过这本真诚而专业的图书，苏珊·J. 埃丽奥特女士一定也和我一样，想要更多人听见我们温暖而坚定的回答——

"亲爱的，你可以！"

林　紫

心理学博士

婚前辅导及婚姻家庭治疗专家

上海心理卫生服务行业协会副会长

林紫心理机构创始人

有短期疗效，但若个案问题源自童年创伤，就只能治标不治本了。当然，所有这些理论和技巧会有其应有的效果，而本书里的"观察、准备、培养"计划则会将这些正面影响放大、再放大。

本书并不是看一遍就可以束之高阁了。我把它作为手册来编写，有助于你经常翻阅，以备不时之需。你可以连着几个月使用它，也可以配合其他治疗方法进行实践。

健康快乐的生活自然也是平衡的，而平衡的人生，需要你以平衡的姿态迈出每一步。重要的是，你要懂得把这些工具结合起来，并个性化地运用到自己的生活里。

"分手疗愈"计划将给你带来真正的变化。如果遵循书中所给的建议，按照要求实践，你就会彻底改变自己的人生。你不但会从这次分手的伤痛中恢复，还会成为一个快乐、健康、独立的人，而且你会吸引具有同样经历的人。

当你已经选择直面伤痛，请不要后退。

你确实会体验到痛苦，但此后你会迎来更多美好。

勇敢地清理过去的残骸，你会发现这将成为一份礼物。

义无反顾地跃入深渊，你会寻获生命的宝藏。

们却能感到自己是被接纳的。我在"分手疗愈"博客上倡导老读者"把爱传递出去",他们欣然接受。后来,这个社群就成为那些因分手而难过的人彼此联结、互相取暖的力量来源。

不少学员和读者建议我出本书,分享自己的疗愈之路,所以我就借这本书来谈谈自己的旅程和体悟。当初那样毁灭性的失去竟然成为自己美好人生的催化剂。这是我希望每个人都可以实现的,并且我也笃信,每个人肯定可以做到。

正如"分手疗愈"社群一样,本书的适用人群相当广泛,不分性别、性取向、信仰与年龄。因为哀伤是我们共有的情绪,而这里谈到的是如何从哀伤中复原,所以它适用于所有人。只要你想要平复丧失的伤痛,渴望快乐幸福的人生,本书便适合你阅读。

本书将帮助你改善关系,让其不断向好。本书独特之处在于我提出的"观察、准备、培养"的理念。要想永久地改变自己的人生,你就要观察自己内在与周围发生的事情,为改变做好准备,并且将这些改变放在日常生活中悉心栽培。这本书会具体到每一步,告诉你应该怎么做。

本书中的很多理论与技巧来自古典或当代心理学流派的某些思想,但是我在这里会以一种特别的方式让这些思想得以整合。在我对自己和他人开展工作的过程中,我了解到人们对谈话治疗、深度哀伤疗愈感到厌倦,因为缺乏好玩的、有趣的或自我慰藉的元素。在某种程度上,正向思考和自我对话的确会记得某一天，有人问我是不是实现了所有梦想，我说是的。可接下来几天，我却陷入莫名的烦躁，我知道还有一个梦想尚未实现。作为在领养家庭中长大的孩子，我从小立志成为一名社会工作者或律师。我被收养的当天，在布朗克斯郡法院，法官把我带到一个议事厅，问了我几个问题。那时我只有8岁，却被那庄严肃穆、图书满目的感觉深深吸引了。我问法官，他是怎样得到这样一份工作的，他笑着回答："努力读书，好好上学，当个律师。"于是我暗暗发誓，我也要成为这样的人。

32年后，我进入法学院，后来如愿以偿地成为律师，又搬回我的家乡纽约。那些日子我天天跟法律事务打交道，但奇怪的是，总有人跟我讲他们分手的故事，或者他们认识的某个人想要摆脱某段受虐的关系。渐渐地，我感到我也有必要把自己的故事说出来。听了我的故事，总有人鼓励我把自己的经历讲给更多人听，让更多人从中受益。只要我一想把这些过往放下，就会有事情迫使我旧事重提。有人说，你不妨就这样讲下去，让越来越多有类似遭遇的人得到帮助。

为此，我办了两个工作坊，叫"走出过去"和"分手疗愈"，我还开了博客、信箱与通信栏。本来博客只是为了回答工作坊学员的问题，不过几周之后，许多非学员也开始留言，博客上很快就聚集了大量的读者。这些世界各地的读者纷纷赶来参加我的工作坊，于是博客上的读者就这样逐渐发展壮大成一个支持性的社群。新读者往往心情苦闷，而在这个社群里，他

前　言

为什么写这样一本书

对于如何成功地面对一段破裂的关系，本书给出了清晰的指导。从走出分手的伤痛到成为治疗师、学者和老师，我的人生抵达了一个全新的高度。我穿越了伤痛并把它变成了生命的礼物，你同样也可以做到，而本书谈的正是其中的精髓，所以这里几乎精炼了所有我学到的知识、我对生活的体悟，以及过去20年来他人分享的成果。

走出第一段婚姻后，我便萌发了帮助更多人改变的渴望，我想告诉他们，一切皆有可能。我进入学校当治疗师，成为哀伤康复研究所的哀伤咨询师。在做研究和引导小组的过程中，我发现针对哀伤开展工作可以给人带来良好的疗愈与深远的积极影响。无论人们遭遇的是分手、离婚、死亡还是其他变故，当他们直面哀伤时，他们的生活会发生不可思议的转变。

要解决，但是这种解决指的不仅是那些让人体会到的某些痛苦情绪与情感的具体内容，而是一种面临情绪和情感扰动时能够保持内心的澄明和稳定的能力。也就是说，痛苦不是内容好坏、情绪高低、情感悲喜等所导致的，而是由于内心的情绪失控而带来的自我完整性不全、自主性减弱引起的状态波动所致。自己心乱了才是内心焦虑恐惧的根本源头。

疗愈是一种获得自我关怀能力的过程，它不是一种知识、一个技能、一套原理，而是一种能力、实力、功夫。它不能由治疗师或老师给予，也不能由医生代替操作，它需要逐渐历练、慢慢修行，通过自我关怀的过程，觉察到、保持住、反映出来。

一个精益求精的治疗师会自觉地开发某种方式，把对心理痛苦的治疗用不那么痛苦、不那么艰辛、不那么令人望而生畏的方式表达出来。在内心深处保持积极认真的专业态度的治疗师，会在交流的形式上让求助人感受到故事般的讲解、教练式的指导、父母样的陪伴。

这本书的作者正是这样的一个在讲故事般的叙述中把深奥的专业理念传递给读者的用心之人。中文翻译的文字也很流畅、生动，阅读起来比较容易理解。不管读者是求助者还是专业治疗师，都能从阅读中比较容易地获得创伤治疗的要领。

张天布

心理学家

精神科主任医师

获得自我关怀能力，疗愈创伤

20 多年的心理治疗与督导工作，让我越来越多地注意到从分离和创伤的维度上来理解心理障碍的发生与疗愈策略。我一直在关注着各种创伤治疗的著作，也期待能看到一本深入浅出的书。

分离和创伤是人世间必然存在的现象，只是我们应对的心理策略不同而已。

分离和创伤是一种心理反应，在这个过程中会出现不同的状态：伤感、怀念、哀伤、遗忘、否认、解离、抑郁、攻击等，千奇百怪，各不相同。在这些情境下，有些人能保持正常生活，有些人却会偏离自身稳定的轨道：人际关系出现问题，原本得心应手的工作变得艰难无比，甚至根本无法正常开展。

分离和创伤需要有一个哀伤的过程来疗愈。哀伤，有可能自愈，也可能会残留深浅不一的痕迹。创伤造成的内心痛苦需

目　录

第1章　我的故事

从"事故"到"故事"，我走过的路可谓艰难，但结果让人欣喜。

第2章 自我疗愈路线图：本书将如何改变你的人生

结束关系不是物理上的不联系或"断联"，而是心理上的放下，是疗愈伤痛后的自在。

第3章 解脱的第一要务："断联"

"断联"需要勇气、需要决心，更需要可行的方法。

第4章 **面对失去：哀伤疗愈**

哀伤并不走直线，你会在各种情绪的反复中曲折前行。

第5章 善待自己：爱自己才能爱他人

只有自我珍视的人，才能得到他人的珍视。

第6章　父母的新任务：帮孩子面对父母分手

父母分开时，每个孩子的内心深处都会有种原始恐惧，他们会给自己的遭遇加上主观色彩，认为这些都是因为自己而起。

第7章　发现关系模式：亲密关系梳理与生命盘点

相似的情境总会在各类关系中上演，这些便是个人的模式。

第8章　适当的距离：设置界限

讨好、依赖、控制、过度干涉、害怕分开等都提示我们需要清晰的人际界限，勇敢说"不"，真正做到独立自主。

第9章　全新的亲密关系：走上真爱的坦途

真爱是种自我扩展的体验，它不会让你忧虑、等待、怀疑明天，而是信任你、支持你、容纳你所有的兴趣。

第10章 读者来信和提问

有些问题具有普遍意义，精选的信件能在你的疗愈之旅中给予你温暖和支持的力量，帮助你早日走出分手的痛苦。

第 1 章

我的故事

从"事故"到"故事"，
我走过的路可谓艰难，
但结果让人欣喜。

> 只有跃入深渊，才能发掘出生命的宝藏。
>
> 哪里失足，宝藏就埋在哪里。
>
> **约瑟夫·坎贝尔（Joseph Campbell）**

　　下面是我自己的情感历程与童年经历。虽说这些故事显得有些极端，但试想，如果我这种情况都能走过来，那么你也可以做到。如今，我的人生也算卓有成就，我享受着全然的愉悦。现在，我健康、快乐、内心强大。在后面各章中你需要做的那些功课，我都已经完成。过程会难一些，但请你相信，这相当值得。

生活是一地鸡毛

　　当我终结了自己婚姻的那一天，一连 24 小时，我都深信自己做得很对。好久都没这样开心了，那些争吵早已令我忍无可忍。我确信丈夫对我有不忠行为。虽说这些年来，我一直还能忍受他的各种非难，但碰上公司破产、我突然失业，这于我就是雪上加霜，终至不堪重负了。

　　领导给了我个参考，还算不错。失业的前几天里，我也尽量往好处想。我把个人简历修改好，买了一套面试用的正装，对目标单位做了调研。而丈夫晚上回家，指望的却是我把家里收拾得干干净净、把饭菜做好，因为他觉得我"整日在家无所事事"。我根本没心思和他理论。于是，我就把找工作的事儿先丢一边，连着几天都好好做饭、打扫卫生。可他又埋怨饭菜做得太"简单"了，而且怨我没有给他洗衣服。第二天，我就把衣服洗好，做了一顿精美的晚餐。丈夫还发牢骚，说我不积极找工作，冲我大声吆喝，说我是在"过家家"。

在我和他的感情生活里，这种"一无是处"的处境再常见不过了。当没有工作再来分散我的注意力时，这种指责就变成了对我的精神折磨。"钱途"中断、职业渺茫已经让我备感压力，实在不需要某人老是抓住洗衣、做饭等小事对我喋喋不休。

一天，我灵机一动，自以为找到了某种完美的平衡：上午我参加了工作面试，回家后给地板打上蜡；等地板晾干后，我把孩子们从学校接回来，途中还从外面打包了丈夫最喜欢的食物。工作找了，房间清洁也做了，我陪伴着孩子们，就盼着他回来享用惊喜的晚餐呢。我敢肯定，在幸福家庭方面，我已经做到了"全垒打"。

那晚，丈夫回家后，指着地板上平添的条纹斥责我是故意要把地板弄花的。所以，他不准我再那样搞了。我愣住了，极力解释说我并没有。这令我想起了小时候妈妈对我的批评。妈妈总说，我故意把事情搞砸，就是为了逃避家务。一听到这类话，我就不停地辩解，说事实不是这样的。丈夫就开始辱骂我，我也以牙还牙。像往常那样，我们之间的争吵演化成暴力。我们互相威胁对方，不如彻底结束算了，一了百了。

说分手之后

第二天，我对丈夫说，我俩结束了，让他走人。他不以为然，还把那天晚上的事都怪罪到我头上。每次吵架升级为暴力，他都会认为全是我的"错"。以前不少时候，我都相信他说得对，可是这回，我才不管是谁造成的。我只是受够了。

我将他的东西收拾好，把箱子放在厨房的桌子上，附上留言条，内容是让他拎包走人。他也不跟我吵，一把抓起箱子，怒气冲冲地走了。我如释重负，一个人的感觉真好啊。

然而次日清晨，我发现自己竟然连起床都有些困难。我开始以为自己生病了，但很快意识到自己的身体并无大碍。我勉强起床，送孩子去上学，心里的难过远不止一丁点儿。随着时间的流逝，一种厄运将至的感觉漫过心头，我尽量让自己一直保持忙碌，以便摆脱这种感觉。随着时间的推移，我看电话的频率不断增加。到下午时，我每隔几分钟都要检查检查电话，以确认电话的响铃是否正常。

孩子们自己在玩儿，我准备了些鸡肉放在锅里。我没有穿平日常穿的牛仔裤和 T 恤衫，而是换上裙子和衬衫，涂了厚厚的睫毛膏，把头发梳到一侧。我暗自期望着，等到丈夫回家，他会看到饭菜已经做好，屋里十分整洁，看到我这个可爱的妻子，还有听话的孩子们，他就会想着要搬回来了。不是吧？很长时间以来，我都想方设法地希望摆脱这份感情。现在怎么还会产生这种古怪的想法？

接下来的几天，丈夫没有来电话，也没有过来，我就一直不吃也不睡。我昏头昏脑、焦虑不安、情绪低落，沉溺于对他的各种念想中。我的思绪不再落在最近的纷纷扰扰上，而是开始重温感情里的美好时光。我十分想念着他，恍然发觉自己犯了个可怕的错误。于是我试着联络他，好让我们能够谈谈。可他对我的留言没有任何回复。

没想到，有一天下午，丈夫回来了。进家门后他似乎在找什么东西，同时问了问孩子的情况。我们本来聊得心平气和。突然，我脱口说了句"你回来吧"。然后，我开始哭着央求他，要他回来。丈夫对此无动于衷，边嘲笑我，边转身就要离去。我跑过去追上他，试着将他拦住，恳求他不要走。可他一把将我推开，自顾自地走了。我坐在楼梯上，觉得很丢脸，难以克制地哭了起来。我甚至觉得，如果找不到办法挽回他，那我这辈子就完了。

到了第二天早上，我决定把屋里清扫干净，找份新工作，再做一顿丰盛的晚餐。我不再求他回家，我只是要向他表明，我说到做到：我要当个贤惠的妻子，当个好妈妈，我还会好好赚钱，我要凭这些把他哄回来。于是，我从床上跳了起来。今天，我要让生活重新开始，要留住丈夫。

孩子们吃过早餐，我把他们送去上学。是时候好好打理屋子了。虽说屋里各处、屋内物品样样看上去已经挺干净了，但我还是打算把它们清理得闪闪发亮。

原来我一直在讨好

我把孩子们的碗筷洗好，从玻璃纸上面扯下一块海绵，在水里浸泡了下，继续擦洗。当我在厨房台面上擦过来擦过去时，我猛然发现，台面已经足够干净了。成长过程中，为了讨好我的母亲，我会把家里从头到尾都收拾一通，可她每次都不可避免地会挑出毛病，例如，什么地方的东西没摆放整齐，或者某个角落还很乱之类的。自从我嫁给这个男人，事情似乎还是一如既往。于是，我就问自己："到底要多干净，才算足够干净啊？"我得到的回答却是："我也不知道。"

擦着擦着，我的眼泪就掉了下来。"这算足够干净了吗？这算足够好了吗？"我的喃喃自语逐渐变成大声抱怨，而大声抱怨又演变成连连尖叫。"怎么算足够干净？怎么算足够好？我怎么才算足够好？"然后，我一下子瘫软在地板上。

我猛然意识到，我其实根本不知道自己是谁，想要的又是什么。这些想法对我来说过于沉重，压得我动弹不得。我并不知道什么叫"足够干净",甚至不知道自己是否喜欢样样都"足够干净"。我所认识的别人家,有些屋里乱糟糟的,他们也完全能够接受,没有谁会因此受到惩罚或斥责。也许,我也想要这样一个家庭?也许,我想要成为的是对这些都无所谓的那类人?也许我也会介意,不过,我要是找个家政替我收拾会怎样?然而,此时此刻,我擦洗那一尘不染的厨房台面并不是出于清洁的需要,而是企图以此在未给过我认可的人那里赢得认可。

我,原本喜欢什么?我自己的想法是什么?从什么时候起,我竟失去了主见?

不快乐的关系模式

恍惚之间,我像是被推了一把。时间倒转,我第一次回忆起发生在自己三四岁时的事情:我从噩梦中惊醒,梦中有"坏蛋"要把我带走。作为一名寄养儿童,我梦见身着黑衣的邪恶生物要将我从床上抓起来。

在成长过程中,我听过各种传言,这些传言都在向我暗示,我的寄养家庭不能收养我。那时我偶尔会去见见我的生母,见见我的两个弟弟,与大弟弟爱德华玩一会儿。到底是我的出生家庭还是寄养家庭能保我吃穿不愁,我也无法搞清楚。我觉得自己好像不属于任何一个家庭。我巴望着别人能提供点儿线索，让我知道自己该何去何从。

在 7 岁的某一天，我走进天主教慈善会办公处的接待室。我的生母坐在椅子上，挨着最小的弟弟，爱德华则在角落里玩耍。我走过去，坐在爱德华身旁，他默默地拿了自己的一个玩具给我。我们没有开口讲话，只是时不时地冲对方笑笑。爱德华的眼神流露出一丝忧伤，看上去与我心意相通。我不知道，那是我见他的最后一面。在那之后，母亲很快放弃了我的抚养权，让人将我收养，母亲虽不情愿，却别无他法。

记得那些年，我总会到天主教慈善会办公处看望生母。最后一次坐上离开那里的地铁时，我想象着摆脱寄养"地狱"之后的新生活。签署协议时，我满怀热情地期盼自己要成为"正常的"美国儿童了。当天晚上我们还去聚餐，一起庆祝我的新生活即将到来。我在 8 岁时"重生"了！这真的是振奋人心啊！

然而，不久后一切就化为泡影。我的新家庭处处不如意。养父是个酒鬼，养母一闻到他身上的酒味儿就大发雷霆。养父却对她的愤怒置之不理，而她就会威胁要去跳河，或者把自己反锁在盥洗室并吞下药柜里的所有药片。养母是唯一一个会陪着我的人。当她咒骂着说要去自杀时，我听得胆战心惊。即便不闹到以自杀相逼的地步，他们也会吵几小时，直到养父走出家门。接着她就会把怒气撒在我们身上。我们争先恐后地互相保护，或者想办法让家里看着"舒服些"，好让她不再冲我们发火儿。

在养父母和睦相处的时候，我们也确实有过一些美好时光。抛却可怕的争斗，我们会一起去看电影、吃饭，或者打一晚上的纸牌。可好景不长，养父又会去喝酒，养母的喊叫声会再一次刺破宁静，徒留一片狼藉。10 岁的我就已懂得，美好的夜晚无非是战火中的暂停键。12 岁时我就体会到，任何事情都不是我表面所看到的那样。而到 14 岁的时候，对很多事情，我真的看不透。

早年成长经历及父母对我的影响很快就显现出来。青少年时期，那些吸引我的男生要么像虐待型的母亲，要么像缺席的父亲。在我 18 岁时，我陷入了一段既有虐待性又具有潜在致命性的恋情；男朋友一喝酒就很可能会把我弄死。期间出的事故包括：有几次我被打得鼻青脸肿，还有被掐住喉咙直到暂时休克，我还被关在贮藏室里两天。他把我从贮藏室里放出来后，我试图沿街跑掉，他就开着我的车在后面追。这就是我的人生，如此暗无天日，似乎已经正式演变成一场恐怖电影。

终于，我还是摆脱那段感情，安全地离开了。那之后不久，我和一个故友重逢，他就是我后来的第一任丈夫。我再一次开始祈盼我的"正常"人生，一直以来它是那样虚无缥缈。无论如何，只要能让我成为一个"正常"人就好。我以为，如果有人足够爱我，我就"正常"了，就会快乐起来了。

抬头凝视着天花板，我开始意识到，我之所以对死气沉沉的婚姻紧抓不放，是为了逃开一连串恐怖的记忆。这样混乱的感情模式和周期性的分分合合可以保护我，让我免于应对所有被遗弃、被虐待的痛苦与哀伤。丈夫的离去和我的失业使这些可怕的想法、感受、记忆与未完成的课题得以显现。我无力对付这样的庞然大物，实在太艰巨了。我需要帮助。我很快和一名治疗师通了电话，喋喋不休地诉说了我的绝望。治疗师的预约已经排到了几周之后，但她还是让我第二天就过去。

寻求帮助

我几乎是提前一小时到的。坐在停车场里，阵阵寒风刺骨，我忖度着自己这一步是对是错。到了约定时间，我才进去。治疗师是位年轻人，鼻头微翘，笑容活泼，草莓红色的头发向上扎起，绑成了一个马尾辫，摇来摇去，整个人很娇小。我真怀疑这个小小的人儿能够帮我什么。她示意我在对面的椅子上坐下，询问我来访的原因。我讲述着我多么不该结束自己的婚姻，我的声音颤抖着，越来越小，夹杂着抽抽搭搭的呜咽声。我讲了半个小时后，她打断了我，问我的脸是怎么回事。

脸？

我的人生都分崩离析了，她居然还有闲心担忧我的脸。刚开始我不想理会她的提问，就把话题扯开，可她还是不停地描述我的外表：我的衣服不整洁，头发没有光泽，还耷拉在灰败的脸上。对此，我不知怎样回应。此时，她说，从事实来看，她看见的是一个没有自我价值感、没有自尊的人。不是低自尊，而是没有自尊。

我告诉她，我才不管什么自尊，我只想挽回我的婚姻。我再次述说自己以前是多么巴不得想分开，后来又怎样屈服，现在搞得全都乱套了，我咆哮着："告诉我该怎么办！"

她沉默了片刻，身体微向前倾，说："这种反应，感觉就像是被遗弃的恐惧。"

被遗弃的恐惧。

我从不曾听过这个概念，但直觉告诉我，"被遗弃的恐惧"归纳了我整个人生的一切错位。倘若存在一个术语能够形容我的境遇，那么可能也就会有相应的对策。虽然我还是不怎么信服她，但愿意听她再讲讲。她给了我一些关于创伤、虐待、互相依赖症与嗜酒型家庭系统的书。尽管我对能否在这些书中找到答案心存疑虑，但还是答应会好好读。

读这些书令人十分痛苦，却又让人惊喜连连。以前我从来没读过任何自助书，也不知道有什么书会谈到我的内在伤痕。成为领养与收养儿童后，我总觉得，身处任何人群中，自己都是个怪胎——我的治疗师将其定义为"极端的独特性"。这是我有生以来，第一次看到了曙光。我意识到，也许我有机会去修复那些曾经以为永远无法愈合的伤痕。

令人痛苦的双人舞

我从未发觉，我的丈夫竟会是我自身问题的一部分。我还在绕着一种假设运转——婚姻上的所有状况皆因为我的过失。稍后治疗师向我解释了"物以类聚，人以群分"的意思，她说，伴侣的缺点和问题与你自己的缺点和问题往往息息相关。一个人往往会选择一个与自己有类似"残缺"程度的伴侣。他们踏着彼此熟悉的舞步，跳着不自如的双人舞。因此，一方并不会比另一方健康到哪儿去。健康的人是不会和不健康的人共舞的。

然而，我热切地相信，如果能在书中找到和丈夫的心灵共振，我就能和那个我爱的男人、孩子的父亲产生共鸣，进而就能挽回他。

于是，我就去读那些书，读过后就给丈夫写信。有时他看到信会感到生气。有时他会觉得甜蜜，此时，我们会激动不已地长谈，常常聊到倒头就睡。有时候，他会过来陪我，我们一起迷惘，一起哭泣。有时候，我们会大呼小叫，夹带着谩骂声和偶尔的暴力。我们的生活一团糟，但每每互动，我总希望能发生点儿什么，来结束我们的分离。我翘首以盼，期盼另一个人为我的不确定感画上句号。

治疗并没有帮助我的婚姻恢复如初。治疗师规劝我停止与丈夫联系，除非是涉及孩子的问题。她鼓励我写日记，给丈夫写信，但别发出去。她还鼓励我审视自己的整个人生，好好看看所有的虐待、遗弃与旁人的指责。如果我想停下这种虐待循环，将孩子健康地抚养成人，我就必须要审视整个人生，弄清楚是什么出了岔子，然后修正它。

要做到这个，我必须得跃进深渊，直面伤痛。

第一个月可谓是人生最黑暗的时期，我觉得自己做不到。那个盖子一经弹出，我意识到，我打开了一个痛苦不堪的潘多拉魔盒，里面藏着我的丧失与哀伤。我实在难以想象，如此折磨人的工作能给我带来什么好处。更糟糕的是，丈夫向我坦白，他和一个同事恋爱了，我还在他的车里发现了一封情书。

艰难地主张权利

一天，他过来看孩子，我也刚好下班回家。我见到孩子们在后院玩耍，就进屋去换鞋了。然后，他就站在那儿冲我嚷嚷，嫌我连一声招呼也不打。我不知道该怎么回应，就坐下来接着穿鞋，没有回应他的指责。丈夫更生气了，怒气冲冲地从对面过来，扇了我一个耳光。

我没有反应，只是平静而坚定地说："滚。"第二天，我见了律师，最后决定离婚，申请人身保护令。我的丈夫想要驳斥人身保护令，于是我们就确定了出庭日期。

我知道，他是想利用确定的出庭日期吓唬我。也许他认为我不会把这件事儿进行到底。以前的我确实做不到。我从来不曾为自己而战，所以现在唯一的问题就是：我不确定自己能否做到。当那一天来临，我走上法院门口的台阶时，我颤颤巍巍地扶着栏杆，努力不让自己跌倒。

叫到我们的案子时，我的律师让我上了听证席，询问关于虐待的情况，一件接着一件地问。开始时我的声音几不可闻，后来治疗师的声音回响在脑海里：任何人都没有权利虐待另一个人。我从来不懂这个道理，我向来认为，我是那个总会把事情搞砸的人，所以我要顺着每一个人的心意。

我在脑海里像念咒语似地重复着治疗师的话，冥冥中，我的内心好像有什么东西"换挡"了。我明白，她道出了真理。于是，我的人格面具瞬间改变了：我的声音变得沉稳而高亢。我转过身，用目光望向我的丈夫。

令人喜出望外的是，丈夫的律师对他耳语了几句，接着起身，撤销了对人身保护令的异议。随后，法官让我就座并授予了我永久性人身保护令。

一路上，我几乎是飘着走下台阶、离开法院的。

那是个崭新的开始。我知道，从那天起，再也没有人可以虐待我了。我总算掌控了自己的生活，我说："够了！你再也无法虐待我了！"于是，设置边界与界限成了我人生的第一要务。这一举动让我的生活朝更好的方向迈进。

离婚并不容易，我足足用了两年时间才让这事儿尘埃落定。

这期间我一直持续会见治疗师，我们针对我的情况一起工作，我还参加支持性团体，阅读图书，让自己一天天强大起来。在第一个假期里，我有些故态复萌，但依托着我的后援团队，我迈过了这个坎儿，我也继续与治疗师一起工作。

创建确定感

在我的一生中，我都讨厌不确定感，寻找着某个能带给我安全感的人。一生中，我都在找人爱我，我以为这样的爱能让我成为一个"正常"人。如今，我懂得，我要的确定感必须由自己创建，我要的"正常"生活也必须要由自己去发现和发展。

尽管很难，我还是选择了直面过去，改变对当下秉持的态度，同时为未来也做了规划。

我学会了怎样交朋友，怎样培养兴趣爱好。当我在独处中认识到自己的好恶后，我也得以在各种交往中有了发言权。我越是针对自己的情况做功课，自己便越健康，与此同时，我生活里的人也越健康。

我越是善待自己，别人越是会善待我。随着自信的增加，我遇到了那些充满爱意的、说陪在我身边就会陪着我的人。

在与男性相处中，我学会了怎样约会，怎样拒绝。我学会了做真实的自己，停下了费尽千辛万苦也要博得他人爱我的脚步。我开始扪心自问："我喜欢他吗？"如果不喜欢，我就会说再见。感情之路走起来并不轻松，起初有几年时间，被遗弃感的问题倾巢而出，但每一次我都有所领悟。我开始把感情视为学习的体验过程，结束时好好梳理，这些经历帮助我了解到自己的生命中还有什么需要被关注。

在这个过程中，我曾经做出一个让自己觉得不可思议的决定：我宁愿单身，也不要去接受别人身上无法接受的地方。我永远都不会再为了恋情而放弃整个自己。我不愿意被忽视、被谩骂，或者在优先清单上屈居次席。我不愿意只为了留住某人而接受其不可接受的行为举止。多年以来，我都在害怕，害怕没有人会爱我。现在，我肯定，我会实现自己的心之所向，所以，我不会勉强自己。渐渐地，我相信自己值得拥有最好的对待。

一段时间后，我对自己胜任家长的能力也升起了信心。当我明白了什么是健康的行为，什么是不健康的行为后，我做家长的才能也得以展现。我们在家里设置了界限，我和孩子们彼此关爱、互相陪伴。我们才不会操心一些无关紧要的事情，如桌面够不够干净；我们在乎的是，我们是一家人。现在，我的孩子们很感谢我打破了虐待与遗弃的怪圈。他们一定会说爱我后才挂断电话；见面与离开时，他们都会给我个拥抱。任何时候需要建议，他们都会来找我。他们感觉我很可靠，我也觉得他们很可靠。他们年轻有为，我对他们引以为傲。

在试图疗愈我的伤痕时，我还寻访了我的生身家庭。虽说我之前饱受虐待，我却是发自内心地为弟弟爱德华痛哭。我曾确信，如果他在我身边，我就不会遭受任何伤害。也许我对此赋予了浪漫的色彩，但对于我，感觉爱德华就像是我的另一半，散落在了世界的某个地方，而我想要他留在我的生命里。我总是幻想着，如果我们之前能够团聚，彼此就会生活得更好。

我用了几年时间去寻找，希望能找到他，后来我得知，爱德华在几年前就已经不在了。我对两个兄弟，比利和瑞奇，也是有感情的。所以，最让我悲伤的便是未能和他们一起成长，我也无法让这个伤口完全愈合。我从不曾完全了解过爱德华，也未能和我的兄弟们有完整的成长故事，而现在，面对类似这样的沉痛失去，我还是可以快乐起来。除此之外，我还疗愈了过去。治疗期间，我完成了对我与父母关系的全部梳理，我学会了接纳他们，并最终原谅了他们。正因为原谅了他们，我才能够前行，得到疗愈。

吸引"对的"人

领会到"物以类聚，人以群分"，我也能通过观察吸引自己的人与被自己吸引的人，从而了解自己还有哪些问题需要关注。这带给我一种体悟：我能够掌控自己生活、感情里所发生的事情。很多次，我都觉得我准备好了迎接"那个人"出现，接着却又和某个明显有问题的家伙在一起。通过他的问题，我就能找出自己生命里还有什么需要下功夫，然后我会重新开始做功课。有时候，这个过程令人灰心丧气，但我的目标是自我提升，提升到做好准备、能够享有健康感情的水准。

正在我享受着自己的单身生活时，一位男士让我坠入了爱河。他是一位单身父亲，带着一个小女孩。他为人正直、坦诚、善良、体贴，他觉得我也是如此。我们能独自把生活过得很好，并且都曾决定，自己宁愿单身，也不想看到生活里上演任何闹剧。而要改变对自己、对孩子的这个承诺，唯有一种情况，就是我们找到有着同样生活理念的人。我们都曾以为自己找不到了，或者没有能力找到那个人，那个以生活、孩子为重，鼓励独立自主，在携手打造生活的同时又能真实做自己的人。

我们在彼此身上找到了这种存在。

现在我们已经度过了 12 年快乐的婚姻生活。在此期间发生的激烈争吵，我一只手就能数得过来。他从来没有骂过我，也从来没有让我哭过。他在乎的不是屋子有多整洁，他在乎的是我们的生活是否幸福，他无条件地爱着我。我们是彼此生命与爱情里互敬互爱的好伴侣。

第 2 章

自我疗愈路线图：
本书将如何改变你的人生

结束关系不是物理上的不联系或"断联"，

而是心理上的放下，

是疗愈伤痛后的自在。

> 真相是，当我们内心深感不舒服、不快乐、不满足时，美好的时刻很可能就在转角。因为只有被不舒服的感觉逼急了，我们才会跳出一成不变的圈圈，开始寻求全新的道路，或者寻求更真实的答案。
>
> 斯科特·佩克（Scott Peck）

分手后的艰难

你觉得难过，但事情已经发生。

那真的很痛。

也许你爱的人曾经爱过你，也许你爱的人让你以为他 / 她可能会爱上你，也许你爱的人对你没有感觉，只是你一厢情愿。

也许你的前任曾深爱你，后来却移情别恋，以这样令人难以想象的方式辜负了你们的爱情，这深深地伤害了你。

也许另一个人出现了，你的前任弃你而去。朋友都说这个新欢样样不如你，可你的前任还是选择了与新欢在一起。也许你已忍无可忍，因为这个新欢别有所图，但你的前任却浑然不知。也许你发现这个新欢明明很幼稚、不可靠、无理取闹或头脑简单，可你的前任居然视而不见。**为什么**？

也许根本没有第三者。只是你的前任突然不爱你了，或者对方根本就没有爱上你。你更难以接受了。等一下，明明没有爱上别人，怎么就不能和我在一起。**为什么**？

或者，你的前任性情大变，抑郁、烦躁，一直沉浸在自己的世界里。你问："我该怎样帮助你？"但你得到的回答是："不要管我。"你简直要疯了。为何非要躲避我？**搞什么**？

分手也许是你提出的，也许是你的前任提出的。但不管是谁提出的，你都快被痛苦吞没了。真的好难受啊！你不断重温你们之间的交流，想知道究竟是哪里不对劲，哪里出了问题；想知道你到底做了哪些不该做的事情；想知道到底哪里没有做好。

你感到自己被遗弃，觉得自己毫无价值，认为肯定是自己有问题。你想知道，怎样做才能让你爱的人爱上你。

到此为止吧！

不要再为某个人改变自己，不要再指望不与自己和解就可以找回自以为该得的一切，不要企图靠委曲求全去挽回那个心胸狭隘的人或让对方也爱你。醒醒吧！

你值得拥有更好的伴侣。本书会指引你，告诉你怎么做。

分手后，你虽然心痛难耐，觉得光阴难熬，却也可以将此化作成长的契机。头痛难忍之时，你可能会觉得我说的很难让人信服。然而，当你真正敞开心扉、准备好让梦想成真时，这段时光其实也可以丰富多彩。当你掌控自己的生活、让自己变得更好，而非幻想着奇迹降临时，分手也可以很自在。

分手后，你有三条路可走。第一条路，试图用时间、精力和眼泪来挽回前任。第二条路，若无其事地接着找下家，直到又撞上南墙。第三条路，疗愈伤痛，审视这段经历，发现新的路，迈向健康完整的新生活。你会因此快乐起来，还会找到真爱，一个真正适合你的、对你好的人会出现。更具诱惑力的，当然是第三条路，因为这种快乐才是可持续的。但不少人还是会选择第一条路，失败了再改走第二条。这是为什么？因为他们根本不知道第三条路怎么走，不知道怎样能掌控自己的生活。

多年来，我接触过许多客户、学员与读者，他们也想在分手后做出有意义的改变，只可惜力不从心。一位女士说："离婚之后，我站在十字路口，不知道该往哪儿走。"还有一位客户本以为离婚后自己会感到兴奋，不料却变得优柔寡断。他说："我以前有好多想做的事，不过前妻很'宅'，为此我放弃了很多。我现在想去做这些事，可离婚的痛苦还在折磨着我，想做的事又很多，这让我无所适从。"

有伴侣的日子里，生活有着特定的节奏，加上关系里的责任，有不少选择会被排除在外。分手后，限制也随之消失，这是独一无二的契机，你可以认真梳理自己新增的选择机会，再决定你要舍弃什么，你要去哪里，你要如何到达那里。可是，迷茫与恐惧会让你进退两难。

你进入上一段感情，是出于逃避心理吗？眼前的机会不仅关乎人生选择，还关乎你的情感状况。很多人在分手后会寻求心理咨询或加入支持性小组，借此看到自己内心中长久被忽视的、尚未被疗愈的部分。一位女士说："与前男友在一起时，先前受虐经历勾连的所有糟糕回忆都被我封存了。而分手后，这些痛苦的回忆便又跑出来，让我无法摆脱。"还有一位男士离婚后接受了心理咨询，他发现，咨询师关注的是他童年时期他母亲去世的经历。

> "我从小就很难应对丧失。老婆离开后，我绝望到想要寻死的地步。但是，这与她无关，而是我被迫重新体验了母亲去世时的感受。那时我还小，不懂得哀悼她的离去，所以这对我一直是未完结的功课。后来，在感情中我就变得依赖，爱发牢骚，也尽可能地避免任何丧失。老婆离开后，我重新回到了那个时间点，才终于完成了对母亲去世的哀悼过程。"

也许你经历的丧失并不那么重大，如只是搬家或换工作，你也从不曾意识到需要对丧失进行哀伤处理。也许你从未经历过重大的丧失，这次分手算是第一次。不论你是否有残留的哀伤，学习借助丧失来处理哀伤都会是你较为健康的选择之一。

情绪痛苦亦有积极的一面，它会激发你以新的方式审视生活的方方面面，而这是你在安逸中不会做的。分手后的痛楚叠加着那些残留的哀伤，能够把你带到新的地方，在那里，你能够解决问题，重整旗鼓。如果未遭受这类重大的丧失，你就不会走上这条路。

这样的缘分，再加上自身的意愿，意味着分手能够变成一种绝佳的时机，让人由内而外地变得更好。然而，大多数人都会错失良机。初尝自由的滋味后，孤独感来袭，之前想要改变的承诺便日渐消退。随着情绪痛苦愈演愈烈，你不再想怎样走过这段痛苦的旅程，而只想着能让自己"感觉好些"，忘掉一切。即使你想走出分手的阴影，可无论是情感上还是理智上，这似乎都成了一个不可能完成的任务：前路漫漫，一个人的生活是如此令人恐惧和迷惘。

在培训课上，一位男士说："在一起这么久了，我都忘了自己是谁。"一位女士说："想做好多事，可是我不知道怎么熬过去，也不知道自己要怎么生活。有些日子我都不敢出门，我好害怕要结识别人，我无法与别人共处。"

接着，你会被不安全感笼罩，也许你觉得自己没有魅力，也许你害怕会孤独终老。你可能会开始质疑自己所做决定和计划的正确性。也许你想回学校上学，或者开始发展新的爱好，或者搬到别的地方，但此时你会突然觉得这是自我放纵，十分荒唐。这种犹豫不决也让你的自尊陡然下降。你想放弃开始新生活的规划，因为到不熟悉的领域冒险让你感到害怕。于是你禁不住想发展一段新的关系，或者退回到原来的关系中，抑或只是坐等事情发生转机。

跳到下一段感情里或丧失改变生活的决心都只能暂时止痛，而不会让情况有所好转。事实上，由于你并没有吸取上段感情的经验教训，也尚未处理好分手的伤痛，因此在下一段感情里，你很可能重蹈覆辙。把希望与梦想搁置并不会让其消失，而只能让你在下一段关系结束时懊悔未早些做好该做的功课。

此时此刻，你最好的选择就是直面挑战，处理哀伤，制订计划，改变生活。但是，当哀伤、恐惧与现实里的琐碎快要将你击垮时，你又该如何？

如果你感到没有方向，事情做不下去，这是很正常的情况。没有向导，分手后的你可能会无所适从。因此人们会说，自己变得优柔寡断、战战兢兢，或者打算一头栽进另一段感情中。

《如何结束一段关系》这本书就给出了这个过程中不可或缺的路线图。本书循序渐进地引导你学会如何面对失去、安顿过去、规划未来，把眼前的遭遇转化成一段成长的经历，助你保持信心、做出改变，从当下开始以不同的方式处理问题。你会发现如何拥有全新、健康的关系，如何在暂时或长久的单身状态下依旧能自在地生活。这些你都不必再自行摸索了，因为你已拥有一张可靠的路线图，它将指引你迈向新的快乐人生。

自我疗愈路线图

从丧失和痛楚通往疗愈和快乐，这条路该怎么走？如何才能从备受煎熬的起点 A 到达令人雀跃和欣喜的终点 B？

你需要学会把自己放在第一位，允许自己感受情绪的起起落落，懂得滋养自己；你需要好好地照管过去，珍视当下的自己，同时为未来筹谋。这样，你期待的变化即可发生。

旅途中，请时刻记得以下几点。

第一，大自然喜欢虚空。如果你把某个人或事物从生活里移除，就会有其他的东西过来填补。问题是，来填补的东西可能并非你想要的。例如，你曾经试图改掉某个坏习惯，可因为过于执着，你在不知不觉中养成了别的坏习惯。要避免这点，就需要对来填补的东西有一定的管控。当你努力处理伤痛和释放愤怒后，你就需要用良好的自我形象、积极的目标、新的兴趣点和对自己的善意来填充这个空缺。当你让哀伤的情绪离去，让新的自我形象、新鲜的事情、新计划与新目标进来时，这个过程就在悄然运行了。

第二，你需要让一切恢复平衡：你的情绪状态、思想状态、行为及你与这个世界的互动方式。每一天，你让痛苦得以释放，让善意得以滋长。每一天，你都要基于重要的操作指南，给予自己肯定，承诺不间断成长的步伐，度过困难时刻，同时也要规划未来。

第三，想要成功地度过分手后的时期，还有一些特定的事需要做。其中一项就是，学习"观察、准备与培养"。这些技巧你会反复用到。通过观察，你了解自己的生活中在发生什么。你学着去回应而非被动地反应。通过准备，你会知道怎样面对接踵而至的诸多挑战。最后，通过培养，你会让自己的生活一天天朝着好的方向转变。

要实现成长与改变，你需要承认、表达自己的伤痛、愤怒、困惑、焦虑及挫败的感受；需要给予自己肯定，用积极的眼光看待自己；需要把目标写下来；需要回顾自己的感情，看看自己在里面扮演何种角色；需要走出去，结识新朋友，同时也要留有创造性的独处时光。以上这些你需要每天反复实践。《如何结束一段关系》会一直陪着你，提醒你保持平衡。

自我疗愈的主要途径

自我疗愈之路的三个主要途径为善待自己、处理哀伤和应对挑战。理解了这三个主要途径并保持其平衡，你就踏上了快乐与完善自我之旅。

善待自己

从今天起，把自己摆在第一位。自我关照很重要，它会让你在处理痛苦情绪、抵挡伤痛回忆侵袭时变得坚韧。你需要运用内在力量来做必要的功课。这种内在力量需要你用以下方式培育：借助友好的、充满爱意的、积极的想法不断地进行自我肯定，使自己的自尊得以提升；每周为自己做些美好的事情；发展自己的目标、兴趣爱好与朋友圈，同时避免出现自毁行为。关照自己的身心，走过这段旅程，你就会更加有力而专注。你会找到属于自己的生活节律，它不单适用于分手恢复期，还可以伴随你今后的整个人生。

善待自己需要从当下着手。在第 5 章里，你将学到怎样把善待自己即刻融入日常生活里。你可能想多次翻阅本章，以便能养成每天都善待自己的习惯。在本章里，你将学到怎样写情感日记、练习肯定语、列感恩清单，如何重新训练自己的头脑远离强迫性思维或胡思乱想，如何时常做些休整，如何制定目标、每周专门给自己留出一个晚上，以及如何建设自己的支持系统。

当你按照中间各章的方法处理了大量哀伤之后，你会发觉自己的心情变好了，此时你就要准备把善待自己这一点推进到第 8 章所述的关系层面上。你将学习怎样在关系中关照自己。做到这一点的最有效的做法也许便是设置界限了，它将保证你拥有健康、愉悦的生活，因为界限议题正是处理所有关系的密钥。

在第 9 章中，你将学习如何拥有最好的生活，不管你是拥有伴侣还是依旧单身。你可以自己决定是否想开启一段新的关系，如果答案是想，那么你期待从这段关系里得到什么。你会知道怎样在单身时做快乐的单身，这样就不至于因对感情太依赖而选择将就。

还有很重要的一点是，你将学习如何重回约会与恋爱的世界——特别是怎样应对分手后的前几次约会并顺利通关。你会知道怎样得体地表达拒绝，把关注点从"担忧约会对象如何看你"转换成"认真思考你是否乐意与眼前之人共度时光"。当你为进入新恋情做好准备时，你就能辨识真爱，辨别健康感情的模样，也懂得怎样在发展新关系的同时保留真实的自我。

处理哀伤

这是本书的核心。中间各章将让你学习如何审视上一段感情，如何审视自己在关系中的情感模式，学习处理丧失的各种感受。第 4 章阐述了哀伤的发展过程，每个周期该怎样处理，怎样明晰一个周期快结束了。

分手后，一段时间内你是麻木的，过后才会被现实重重地敲醒。当丧失与哀伤的感受泛起时，你可能倾向于逃避。也许你会借助一些不健康的行为来尽力逃避痛苦，如酗酒、暴食、性、疯狂购物、情感纠缠、拼命工作、自我隔离、不停地做事及联系前任等，可能是其中一种或任意几种方式。也许你企图把这些感受统统压抑下去，假装无所谓。然而，在内心深处，否认丧失所带来的痛苦会将你从内吞噬，或者它会从其他地方跳出来，毁坏你接下来的情感关系。不直面分手暂时来看似乎有效，长期来看却只会增加自己的痛苦。

很可能你已经有过一些类似的体验了，过往的丧失是你害怕面对的，而新的丧失却打开了那个闸门，让旧有丧失的痛楚喷涌而出，可谓是变本加厉。但是，如果你再次压抑这些感受，它们就会在后面某个时刻卷土重来，而且更加来势汹汹。反之，如果你能面对这些痛苦，而不是一再压抑，你就开启了自我修复，会逐步变得快乐，终将不必再疲于躲避旧有的伤痛。在第7章中，你会学习审视自己的上一段感情及过往所有感情经历。要跳脱分手的阴影，最重要的工作是进行亲密关系梳理。除此之外，想为下一段感情做准备，你还要开展另一项同等重要的工作，即生命盘点。

亲密关系梳理可以给你一个看待感情的现实性视角。它可以让你避免对感情持不切实际的幻想，或者过分专注于其中可怕的方面，以至于放弃处理哀伤。通过书写来梳理亲密关系，你就能够退后一步，用批判性眼光看待自己的感情。

通过书写来梳理亲密关系可以让你处理哀伤，也可以让你对刚刚结束的感情做个总结，以便吸取经验教训。而生命盘点则是让你与他人重建联结的方式：你将学习怎样回到过去，关照那些未完成的内在课题，处理以前在其他感情经历中残留的哀伤。这部分工作是要你关照自己，只是你自己。

生命盘点让你回顾的不单单是之前的全部伴侣，还包括你的父母、兄弟姐妹及其他监护人。从中你可以看出这些早期关系是如何继续影响你做出选择的。这种梳理对其他重要监护人也同样适用。生命盘点可以持续下去，在未来充当自我定位的框架。无论你何时对关系中的情况心生不确定与疑惑感，都可以看看自己的生命盘点清单，找出问题所在。

有关解决策略的最后一章是第 10 章"读者来信 & 提问"。本章选取了"分手疗愈"博客读者们的邮件与信息，你将看到一些普遍性的担忧、困惑、想法和感受，这些与你的类似，所以你可以从中学到最佳处理办法。

应对挑战

本书也为日常生活中的挑战与易犯的错误提供一些实用性的建议。每当你萎靡不振、深陷其中时，每当你疗愈受阻、感到脆弱无力时，本书便可以作为指南。

分手后，你不可避免地会面临两大难题：与前任的沟通；如果你已为人父母，那就还要面对孩子的事情。第 3 章和第 6 章给出了落地的、切实可行的建议，让这些棘手的问题不再那么困扰你。这些章需要你反复回味和实践，直到这些建议已经成为你自然的处事方式。

第 3 章的内容专门针对最难做到的一项："断联"。你需要从身心、情感上把自己和前段感情隔断，而这时你最容易犯的错误就是继续与前任保持联系。大多数人都会在想要联系的强烈冲动里挣扎，还欺骗自己说："出于某些特定原因联系对方也不要紧。"本章就是要让你认识到与前任保持联系的种种典型借口，同时也让你明白，"断联"很难，却好处多多。本章就是要引导你做出"断联"的承诺，不给自己任何借口。

第 6 章也是落地的一章，为单身母亲或单身父亲量身打造。即使在比较理想的情况下，带孩子也是让你劳心劳力的事，而离婚会让这变得更加艰难。孩子该怎么办，该怎样帮助孩子对待父母离异，本章给出了直接建议。这些实用性建议不仅适用于离婚后随即而至的情感创伤，还会在未来这一路上帮助你成为更好的家长。

你要的生活与爱情，可望可及

本书部分内容是关于经历丧失之痛后的自我疗愈。一些客户、学员和读者开始意识到，他们成年后大部分感情生活都是在逃避哀伤中度过的。

一位女士长期生活在对丧失的恐惧里，以至于她从十几岁起就不敢离开一段感情，除非有了"下家"。她说："我觉得如果我独自一人，我就会死，所以我不断地从一段关系跳入另一段关系，从不留空窗期。"她三十几岁的时候，与他相处多年的男人突然离开了她，一时之间她无法寻觅到一段新的关系。于是这场失恋对她而言成为一种创伤性的冲击。她借此体验了分离，最终不得不将那些从未妥善处理的哀伤表达出来。那段日子很难熬，可一旦穿越了那些丧失，她便找到了重拾新生的力量与勇气，她惊喜地发现，原来一个人生活也可以很美好。对过往感情表达哀伤，不但没有将她置于死地，反而将她释放，曾几何时，她只能在一段接一段的恋情里辗转，而如今的生活却让她喜出望外。

一旦在重大的丧失上通关，你将会绝处逢生，那时，你不再感到恐惧，所以你会做出更好的选择。这将帮助你和健康的人建立起令人愉悦的关系。而处理哀伤就是使你的人生变得丰盈和能够自由去爱的秘密。

本书还会教你怎样运用分手这种催化剂使你生活的方方面面都朝你想要的样子转变。不少客户、学员与读者都是以分手为契机，让自己的人生发生了极大的变化。一位男士在分手一年后意识到，他现在的生活不光有模有样，还呈现出了分手前他做梦都想象不到的状态。他对失去的关系表达哀伤，努力改变消极的自我形象。通过建立社交圈、找到新的兴趣点、制定新的目标，他发现自己不但成功地走出了分手的阴影，而且生活中诸多方面都在向好发展，所以他反而很感谢这次分手的经历！

另一名女士也有同感：

> "我不记得我俩是什么时候好上的，我们就那样好上了。分手后一连好几个月我都是在哭泣、徘徊中度过的。我患上了黑夜恐惧症，丧失了自信。但我会写情感日记，对自尊做功课，学着善待自己。我新结交了一些有趣的人，跟他们一起做有创意的事。开始我以为自己只是'忙了起来'，可慢慢地发现，我已经不自觉地在创造着自己一直想要的生活了。分手是发生在我身上最好的事。"

看吧，你也可以。如果你从不曾有过这种机会，这次请不要错过。倘若你只是一直在幻想着理想的生活，现在是时候让一切就绪，去拥有它了。利用这段时间着手解决问题，最终跨越伤痛。利用这段时间认识自己，了解自己的愿望，学习如何善待自己，这样，以后你才能要求他人善待你。利用这段时间去发现怎样寻获真爱与真正的亲密关系，怎样摒弃以前不健康的爱恋。你可以以此为契机，找到如何做出好的、健康的选择，把这一页翻过去，创造你从未想过的美好生活。

遵循该自我疗愈路线图将使你的伤痛得以疗愈，自信得以重建，同时你还能学到如何让你的梦想成真。它将帮你再度掌控自己的人生，向着比你梦想的还要宏大和美好的愿望迈进。你会过上本该属于你的生活。这幅路线图将引领你把人生中毁灭性的丧失转化为最好的恩典。所以，亲爱的，请跟上来吧。开展功课，疗愈伤痛，成长自我，为自己打造独一无二的人生。

第 3 章

解脱的第一要务：
"断联"

"断联"需要勇气、需要决心，
更需要可行的方法。

病人说："大夫，这样好难受啊！"

医生："那就别这样啊！"

汉尼·扬曼（Henny Youngman）

　　我的婚姻破裂时，手机尚未普及，前夫没有手机、没有电子邮箱，也没有留言机。虽然几乎无法保持联络，我还是想尽一切办法给他发信息。我不停地打电话，接通了就挂（如果运气不好，接电话的是他的新女友）。我给他写很长的信，等他过来拿。他不来，我就开车到他上班的地方，把信贴到他的汽车挡风玻璃雨刷下面。我似乎没完没了地干着这类强迫性的疯狂举动。但令人难以置信的是，我竟然不承认自己特别想联系他。

　　治疗师要求我记录每一次与前夫的联系或给予前夫的回复，于是，面对白纸黑字、清清楚楚的记录，我明白了，原来我就是不想放手。我逼着自己断了联络。我离开家，让别人无法通过电话或登门找到我。我不得不设置界限，不允许前夫在我家里进进出出。刚开始这样做就和"断瘾"一样煎熬。但我没想到，随着我们的联络减少，我的感觉却越来越好。

　　这里我要明确指出一个几乎所有人在分手后普遍存在的问题——忍不住要联系前任。多年来，我咨询过许多很难与前任保持距离的人。我也听到过无数理由，从"我想我们可以做朋友"到"万一有机会复合呢"，不一而足。

即便没有复合的可能，人们依旧断不了与前任的联系。要真正地突围，你就需要从身心与情感方面都与上一段关系隔离，要做到这些的主要方式就是停止联系。因此，当务之急就是"断联"，这样你才有足够的空间平复内心，疗愈自我，大步向前。

一般而言，"断联"最好是把所有联系方式都切断。如今各种通信工具极其发达，联系一个人可谓触手可及。所以重要的是你自己做出决定——不再打电话、发邮件、发短信或语音留言，前任想找你谈谈也不予理会。你必须致力于"断联"，无论发生什么情况，都尽你所能遵守这个承诺。

切断所有联系是很难的，特别是在刚分手时。分手前，大部分时间都是两个人共同度过的，你们很可能已经成为彼此生活里最重要的部分。可分手后，你的生活中出现了一个大大的空洞，你好想伸手抓住那个刚离开的人来填补这份空虚感。一句简单的"你好啊"似乎张口就来，你相信自己能够轻拿轻放，可你只是在自我欺骗罢了。旧的不去，新的不来。你得放手了。

人们在决心遵循"断联"原则后，通常一开始会觉得十分艰难，不过慢慢地，大家就会品尝到成功的果实。以下是一位女士讲述的她自己的情况。

总算是看到"断联"的效果了。在刚刚过去的 48 小时里，我不再觉得离开他我就快要窒息了，没有他，我反而呼吸得更畅快了！昨天我也哭过，但与我联系他之后一贯收到的回应所带来的痛苦相比，这点儿眼泪根本不算什么。他总是生气、情绪混乱，每一次通话他都会把我弄得更糟。终于，我认识到我是个独立和强大的女人，不必让前任把我的生活搞得这么复杂。

一位男士也经历了"断联"，他说自己当初就是"夺命连环 call"那类人，最终他竟然能不打电话了。他这样说道："我删了她的所有联系方式。我已经两周没联系她了，我的生活也渐渐恢复常态。"另一位男士也讲了"断联"对自己的帮助。

几个月前女友突然说我俩完了，我们分了手。我就犯了继续联系的错误：分手几天后我给她写了邮件，然后收到一长串关于分手原因的答复。我就打电话，两个人又发生了争执，她挂了我的电话。这之后我就不停地写信、打电话，我想道歉，但是她没有回应。我意识到，必须停手了。开始真的很难，几周过去后就感觉好多了。"断联"的确大大帮助了我。

当落寞与不安来袭时，"断联"就变得难上加难。某些时刻，你是那么想念前任，似乎一分钟也等不了，你只想立刻联系对方！但是，这一点我再怎么强调也不为过——千万别！

冲动是自然而然的。如果你不是拿起电话或在电脑上写留言，而是与这些感受共处，或者找点事情做，那么冲动会过去的。哀伤之路并不好走，联系了，痛苦似乎就缓解了。但事实上它只是被延缓了。到最后，你还是要面对自己的真实感受。

也许理智上你也知道不应该再联系前任了，但你能想出成百上千个有必要聊聊的理由。可以先把这些理由放一边，因为这些都只是借口而已。每个人都会有一两个自己最惯用的借口，而这些借口将妨碍他们前行。

作为治疗师，我从客户那里听到"必须联系"的借口太多了。自从开了"走出过去"博客和我的个人博客以来，我听到的诸如此类的借口就更多了。不过，我发现，所有借口似乎都可以归到七大类里。每个人遭遇各异，借口却如出一辙。

我花了很多时间帮助人们了解，为什么这些需要联系的原因其实只是借口，为什么他们需要停止找借口而往前走。这同样也是我对你的期望。如果你够有创意，估计你还会想出其他花样的借口，不过下面这些是最普遍的。即便你的借口并不在列，与这七大类相对应的建议也同样适用于你。找借口只会让你驻足过去，使自我疗愈工作更难进行，阻止你转向美妙的新生活。请别再找借口了！

令你泥足深陷的七大借口

1. 不是还可以做朋友吗

"即使我跟前女友的感情没什么希望了，我们还是一直保持联系，想以朋友身份相处。这没什么用，但我也不清楚怎么回事。我们之间的争吵比分手前更频繁了。"

"男朋友和我分手后，与另一个女人同居了。但他同时还不停地给我写信、打电话，对我说我们应该成为很好的朋友，说他并不想完全失去我。我还伤心着，每次见到他都难过。我说我没做好准备，他就说是时候原谅彼此、忘记过去了。他说可以给我时间考虑，但我不确定我能否做到。他就觉得我不可理喻。我拒绝和他做朋友难道错了吗？"

"前男友走过来向我问好，就像这是件再自然不过的事情一样。有一次他邀我吃午餐，我还以为他要与我和好。他却只是说希望我们可以做朋友。我才不想和他做朋友。"

这类话题在现实中可谓千姿百态。即便前任没有对你说"不是还可以做朋友吗"，你也可能会嗅到一丝不想放手、企图做朋友的味道。或许刚开始你还会得到前任的一番奉承，说什么离开你日子就没法过了。可是，坦白地讲，这大多是由于你的前任无法干脆利落地结束感情，而非真心渴望你能留在身边。

有关"可以做朋友"的版本太多，你也可能有自己的版本，但我给出的只有同样的建议：在大多数时候，和前任做朋友都是下下策。即使是和平分手，也还是需要些时间来处理各自的感受，需要些时间来面对破碎的关系。就算分手过程不剧烈、不混乱（即便完全是和平分手），你们仍然需要留出时间来切断两人的联结。

分手后，双方都需要放开曾有的伴侣身份。换句话说，双方需要建立起新的个人身份，而不再像以前那样把对方看作自己的另一半。根据关系深浅，有一部分的你会把自己当作"约翰和玛丽"，而不是单独的约翰、单独的玛丽。日常生活的自动流转会形成伴侣间的独特律动，而在一段时间之内，你还会滞留在这里面。逛商店时看到某些物品，你可能会习惯性地想买给前任，或者到了每天固定的通话时间，你拿起电话又放下。似乎你会不自觉地把一些特定的地点、时间和事件同前任牵扯在一起。要打破这种联系，你需要时间，需要"断联"。

有的恋人后来的确成了朋友，即使真的这样，也只能是后来的后来。刚分手的恋人，彼此之间的气息过于浓烈，即使有可能成为朋友，也不大可能是现在。你们都需要时间休整。先分开一段时间，你们才可能以一种更加清醒和理智的状态做回朋友。但是，现在你需要的是专注于自身和自我疗愈。

想做朋友并不容易，基于之前的恋人关系，你们很难把彼此当作普通朋友。总会有些未尽事宜、难堪的话题和讨论禁区。你们很难互相逗趣或闹着玩玩，只言片语都可能让你们会错意。也许你觉得你应付得来，但有些点是经不起触碰的，一经触碰便会引发更大的动荡与危机。这根本不是真正的友谊，这中间总有一些东西会心照不宣，总有一些问题解决不了。

非得要"做朋友"的一方往往并不愿承担关系里的承诺与责任，却又不愿意放弃熟悉的交情。当然，这个人身上肯定有你喜欢的方面，否则你们也不可能走到一起。我们都会在某种程度上想念前任的某些特质，但这并不能成为你紧抓对方不放的理由，因为你依旧要忍受前任那些让你不喜欢的特质。

另外，你们是因为某些原因才走不下去的，而这些原因也可能让你们无法做朋友。一位女士与有控制欲的、挑剔的男友分了手。前男友想和她做朋友，她觉得很不舒服。前男友故技重施，说如果她连朋友都没法做就是太脆弱、太缺乏安全感了。于是，她就和前男友继续往来了一段时间，以便向他证明自己并非如此。但是最后她意识到："前任不会无缘无故地成为前任。"一如当初缘何结束那段感情，她也结束了所谓的友情。

假如要求做朋友的是你，那你就要审视一下自己的动机了。你是想要逃避丧失与哀伤的感受吗？还是抱着玩一玩的心态？你是否即便没有复合的打算，也不愿意一刀两断？你是否想要从前任那里"占尽好处"，同时又不用负责任呢？

　　假如前任要求你做朋友，那就请你拒绝。要是前任说你是那么好，离开你就活不下去，那你不妨问问自己："我们在一起时，对方真的珍惜我吗？"面对现实吧！朋友应该是善待你的人，前任对你没那么好，何必把这个人当朋友呢？抛却这些解释、理由不论，你就回想一下前任的行为表现，问问自己，你真的相信一个不曾善待你的人可以成为你的朋友吗？

　　你还要考虑的是，当前任信誓旦旦地说做朋友才是对你们最好的结局时，你要怎样推脱。以下是一位男士的经历。

　　　　和我交往 5 年的女朋友几天前忽然说她不爱我了，但还是想和我维持恋人之间的亲密关系。我不想离开她，但在她身边却很难受。我知道情况有变，我已经失去了她。她却坚持说我并没有失去她，只是在她生活里的身份变了而已。我感到不安，不停地怀疑要是她去约会了怎么办。我害怕自己就这样变成一个占有欲强、疑心重的"朋友"。我不想只是和她做朋友，但她觉得慢慢就好了，我都不知道该怎样对她说。

　　另一位女士也唉声叹气，因为前男友不理解她为何不愿意做朋友。"我们是朋友，"她说，"后来发展成了恋人。他觉得我们不太合适，就说当作没这回事，还是做回朋友好了。我对他的感觉还是很强烈，我不知道自己能不能做到。"

　　爱情和友情都是双方的。前任想和你做朋友，不代表你必须同意，尤其是当提出分手的人是对方时。你们两个人对关系的定位不同，敏感程度也不同。可能对对方来说挺容易的，你却应付不来。你需要善待自己，并不需要任何人认可你的这个决定。你有拒绝的权利，可以果断又温柔，可以直截了当，不行就是不行。

前任可能会因你的断然拒绝而说你不善良、不讲道理或不成熟。但这不是善不善良、讲不讲道理、成不成熟的问题，所以不要围绕着这些伪命题争执不休而掉进被操控的陷阱里！

无须解释，无须辩解。要是你觉得有压力，你可以说："不可以，至少现在不行。"如果你很确定，那么最好一口回绝，别留下讨论的余地。分开对你们会更好。

划清界限，坚守属于自己的独立空间。

捍卫它，并享受它。

2. 我需要做个了结

"我问前男友他是否爱过我。他不回答。可我需要知道答案，总得做个了结才好往前走啊。"

"6个月前女友要求分手。她也不确定我们是否还会和好，我对她说，能不能见个面，要是真的结束了，也让我死心。可她压根儿不给我见面的机会，我不知道该怎样把这事了结了。"

"我一直给前任打电话，想了解是怎么回事，也好让我做个了结，但她给的回答总是让我觉得不满意。"

无数客户、读者对我说："我需要做个了结。"他们确信自己必须对前任说些什么或问些什么，才能做个了结。但是，这只是想再度联系的借口。

作为哀伤治疗师，我接待过的客户所遭遇的情况可谓纷繁复杂，包括爱人的意外死亡或自杀。这些家庭遭遇了毁灭性的打击。他们因种种丧失而备受折磨，心里也有很多问题想问。虽然他们无法再得到这些问题的答案，但他们仍可以独自做个了结。若真想做个了结，你无须寻求对方的答案或解释。无论你失去的是什么，所谓的"了结"只能来自你的内心。

也许你有很多疑问，但你要知道，有些问题是永远得不到答案的。就算有的问题快把你逼疯了，你也必须知道，那些答案并不重要，可能也没什么意义，而且这些答案根本不会令你满意，更不会让你产生"了结"的感觉。你要负起责任，接受必须由自己来结束这一切的事实，你无须任何答案、解释或他人输入的信息。不依靠答案活着不但是可能的，而且是必需的。反之，若一味地耽溺在问题里，颠来倒去，反复咀嚼着猜测的答案，只会让你停滞不前。

你热衷于相信，不管怎样总得见上最后一面，这样就能做个了结。但事实并非如此。不必知道前任想什么或为什么有这样那样的做法，你也能继续前行。想要做个了结，你需要的是处理哀伤，整合过往经历，把这一页翻过去。这才能真正了结。

还有一种可能是，寻求了结的结果也许会让你感觉更糟。前任有可能完全无视你所做的努力。一位女士写道："我想要遵循'断联'原则，不过打算先给他发'再见，谢谢你带给我的美好回忆'这样一个消息做个了结。我对自己说，他回不回复都无所谓，可我知道，要是他真的不回应，我会崩溃的。这对我没有丝毫好处，所以我决定不发了。"

另一种可能是，前任可能会借此反过来谴责你。一位博客读者就曾哀叹，自己本意是想做个了结，反而引发了一场令人不快的对话。以下是她的留言。

> 每次我试着联系他，他都无视我。最后，他回了封信，信中他不只把我说得一无是处，还以莫须有的事情为由把我数落了一通。更让我难以接受的是，他编造事实。看来我永远都无法指望他能让我做个了结或他会承认什么错误了。这让我难以接受，但我懂得"断联"原则才是我一定要遵循的。

虽然很难，但在某种意义上，你必须"如是"地接纳，或许你永远也无法确切地理解这一切。你需要接受的现实是：你并没有所有问题的答案，也永远不会得到所有问题的答案，你也永远无法把想说的话说完。但不管怎样，你都需要往前走。你也会往前走。

3．我就是想都弄清楚，说清那件事就离开

"3年了，前男友说他很爱我，我是他的唯一。原本我害怕投入感情，害怕受伤，但是他让我一见倾心。他跟我探讨过结婚与生孩子的事，我们还一起去看了几处办婚礼的地方。而当我完全做出承诺时，他却来了个大反转，和我断绝了关系。他说过的话一直在我的脑海里挥之不去，我不断地和他谈，想弄明白他为什么说出这样的话、做出这样的事。"

"女朋友本来挺理智的，她爱我，她说和我在一起是她生命中最好的事。可就在6个月前，她和那些蛮横的人混在了一起，之后就一反常态。大学也不上了，去了一个乌烟瘴气的地方工作。后来又和我分了手。我花了几个月想搞清楚她到底怎么了，为何如此反常。而她根本不接我的电话，可我需要把事情搞清楚。"

"老婆出差时和一个她常说受不了的同事好上了。我被迫搬出去，可无法天天见到孩子让我十分难受。她曾说嫁给我很幸福，可她怎么又会为了那个她一直看不上的男人

和我离婚。我想让她解释清楚，可她不想说。我觉得她欠我一个说法。"

"我提出了分手，前男友很受打击。他不断地给我打电话，数落我的种种不是。不管我说什么，他都听不进去。他说我是故意要伤害他、欺骗他的。其实我没有。他对每件事都言过其实，我却不知道怎样才能让他相信我是冤枉的。他总说以后不会打电话了，可过后又打来说'我还有最后一件事要说'，于是我就只能一直给自己辩解，可这样好累。他把我想成个坏女人，我想让他明白我不是，我只是想离开这段感情。"

"女友和我分手后又不停地给我打电话、写信，说我这也不对，那也不对。我已经够难过了，我只想一个人静静，但她总说我欠她的、必须听她把话说完。所以我只是听她说，没有回应，但后来我再想想她说的话，明明是她误会我了。于是我又打过去，总得把事情澄清吧。"

你总以为问问前任就能理解问题出在哪儿了。也许你不知道你们怎么就渐行渐远了，或者上一次糊里糊涂的争吵为什么就演变成了"我们分手吧"。也许你确信自己没做错什么，你们本来应该还在一起的。但这些都没必要，往回看只会让你觉得更加迷惘。明明说过你是最好的，明明你曾被深深地爱着，明明你们彼此认为是完美的一对，现在却就这样结束了。你头脑中萦绕着不解。怎么会这样？一个明明说过"我爱你"的人怎么会说出"我不想和你在一起了"？到底发生了什么？对方讲的会不会是另一种意思？分手有什么好呢？

你可能觉得只需要讲讲道理，一切就会好起来。当时你听到的某些说法是没逻辑的、不合理的，不过你愣在那儿啥也说不出来，现在它们在你头脑中绕来绕去，你找到了上千种方式反驳这些话。当你深思对方的话时，你想到前任搞错了的种种迹象，你开始想象，只要有机会彻底谈个明白，所有误解都会得以消除。你满怀热情地相信，只要好好谈一回，对方就不会再固执己见。

被甩了之后，你认为是对方做错了，对方需要理清楚。但你无法"修正"对方的想法。起码来说，如果前任看待事情的方式不切实际，那么只要你不在前任身边纠正其扭曲的视角，对方还是会继续用同样的方式看待事情。要让另一个人保持"正确看待事情"需要艰难的努力与持续的警觉，你也不想一直这样负责或管控下去吧。事实上，你需要接受的是：曾经和你在一起的那个人的人生理念与你的不合。也许你们的思维方式明显不同、世界观明显不同，你们生活在不可调和的差异中，但是你选择性地忽视这些，或者努力修补。现在你再也不能无视这些差异了。你只有接受你们思维方式的差别，让该过去的过去，才能找到思维方式与自己匹配的人。

有时候，除了想谈谈，人们继续联系前任是因为还想把导致分手的那些唇枪舌剑进行到底。虽说对着那个伤害你的人大声吼叫让你感觉很爽，但最好还是别这样做。如果前任想陈述你所有的过错（经常会连续不断地上演），请把它们屏蔽掉。你不需要听对方控诉你做错了什么，接着再对其解释你没有做错什么。同样，换成你想说任何"最后一件事"也是没必要的。相反，即使你有一百万个想法，也只是把这些想说的话写在一封不会寄出的信里吧。

曾爱过你的人坚持要重温你们之前的感情，讨论谁对谁做了什么，这种滋味并不好受。这些谈话总会围绕着人我是非，或者找出一堆不真实的原因安到一方身上。你很容易就开始防御，卷入争论的旋涡里。千万不要这样做！最好的办法是随前任怎么想，你都不要理会。如果对方指责这一切都是你造成的，你应该养成一种态度——管它呢。即使真的在意，即使这些话刺伤了你，也要不断告诉自己，前任、前任的家人或朋友对你有什么看法与你无关。要反复对自己说这句真言。

停止你自己的辩解也很重要。不要为现在、以前的某些行为去求取什么正当的理由，也不要诉说自己有多么受伤。是的，你想让这个人思考些问题，但花大量精力去说服一个不想被说服的人对你无益。省省吧，这样双方最终都会更快乐的。如果你让这个人离开，释放你想要声讨、控制的需要，那么你就能自由地寻找一个思维方式与你相匹配的人。只要你对这个"合不来"的人紧抓不放，你就无法找到足够"合得来"的人。放下吧，省出气力，用来建造新生活。

4．我想让对方知道随时可以复合

"我尽量和前任保持联系，期望能挽回我们的感情。虽然我意识到她有了新欢，但我还是会无视这一点，而保持所有通信渠道畅通。"

"我和前任还在联系，我开启了等待模式，等待她有一天会回心转意。我觉得要是她能回到我身边，我也就没必要处理哀伤了。我无法承认那份恐惧，我害怕如果自己不联系她，就会毁掉一切挽回她的可能。"

"我和前男友还保持亲近是想证明我对他的爱，让他知道我一直在他身边。对此我有很多不同的说法——想做朋友、寻求了结、寻找答案，但其实都是我在不动声色地试图挽回他。"

有时候，人们并不承认自己保持联系就是为复合保留可能。一位男士说："我本以为自己是想要和她做朋友，我否认了一个事实，就是我想证明我是个值得她留下的男人。"一位女士说："书里所有想要保持联系的借口我都用过，可我就是无法承认真正的意图是想要复合。"你可以检查一下想要联系的诉求，诚实地面对自己的真实意图会帮助你停止寻找各种想保持联系的借口。即使你热切地渴望你们能够复合，也请先停下来，不管接下来发生什么情况，遵循"断联"原则都会有所助益。

你们双方都经历了些不好受的时日，停下来对你们都会有无穷的益处。现在是时候重新评估你的状态、你的方向了。即使你们还会在一起，你仍然需要对自己、对感情做个估量，以找出哪里出了问题，哪里在以后需要修正。除非你们断了联系，否则很难做到这一点。即使你们的确要复合，也必须有所改变，否则你们还会走上老路，你们的关系会再一次走入死胡同。所以，不论是否复合，你们熟知的那段关系都已经过去了，你需要对它开展哀伤工作，走出来，继续前行。

5．我只是得把东西还了

人们在想方设法地和前任保持联系时会变得很有创意。我发现有种最"无辜"的计策就是坚持要取回某样东西（如一件衣服、家用电器等）或归还对方的某样物品。先前的一个来访者是去要回一个塑料碗。她招呼都没打就闯入了前男友与其新女友的美妙的周日下午时光。她的理由是迫切需要找到那个塑料碗用来野餐。在那个特别的日子，前男友最不想看见的大概就是她了，但出于礼貌还是给她找了找。只是他没有找到，并建议改天找到了再寄给她。但她就是不走，坚持要找到碗才肯罢休，最后弄得街坊们报警，把警察都招来了。她说，之所以小题大做，是因为前男友没有找到那只碗。嗯，换作你，你信吗？

如果真要归还一些东西，就打包寄出去，不要留言，也不用说什么。如果你想拿回某样东西，想想看，它比你的理智还要值钱吗？恐怕不会吧。

分手后应该留几天时间让你们拿回各自的东西。要是收拾东西需要事先安排，就速战速决。不要一拖再拖。谁也没有义务永久保留另一个人的物品。时候差不多了（几周之后），如果一方没有主动把东西拿回来，那么另一方有权处置其所有物。所以趁着刚分手的那段时间，赶紧把自己的东西拿回来。

礼物之类的就不要归还或要回来了。礼物就是礼物，谁收到的那一刻谁就成了所有者。不过订婚戒指除外。如果戒指是你前任出钱买的，那最好还是不要留下了。订婚戒指不是礼物，是有结婚计划才会收到的，即便这戒指你是在生日或节日时收到的，它依然不算礼物。婚没结成，就应该把订婚戒指尽早地还回去。

分手就要干脆利落，处置物品时也得一清二楚。别留下什么东西，省得以后前任再找你要。要是还有遗留的东西，就立刻归还。要是你在前任那儿落下什么物品，一次性都要回来。或者干脆不要，直接往前走。

6. 我真的太饥渴了

> "前男友和我现在成了性伴侣。反正知根知底的，寂寞了就打电话给他。"
>
> "我和前女友的感情很糟糕，不过争吵过后就会做爱。分手后，我们一样在继续这种模式，每周都会来上一次。"

我听许多人讲过，和前任继续肉体关系是再合情合理不过的事了。分手后，人会有很大的情绪，似乎度日如年。随着敏感程度增加，再和前任见面时，浑身上下都会警觉起来。刚分手的情侣碰面，周围的气息充满魅惑，大家很容易把这当成旧情复燃。也许你过于饥渴或只是觉得寂寞难耐，于是你开始想："天啊，怎么搞的。反正，也无大碍吧？"毕竟，你们彼此了解，你们知道和对方做爱的感觉。再来一次又怎么样？

虽然分手之后做爱似乎别有乐趣，却会带来困惑与更多纠葛，这正是要避免的。就算你们感觉特爽，最后还是会心生疑惑，甚至有被利用的感觉。你会开始想到，前任可能已经有了新欢，然后你就变得没有安全感、情绪化。这意味着那些剧情又要轮番上演了。即使什么也没发生，但至少你还是在拖延时间，逃避面对不可避免的痛苦。所以请记得：你该告别这种方式了。

有时候人们在分手后尽力去维持"单纯的"肉体关系，这样，之前感情里所有令人厌倦的特质都没有了。人们对自己和对方说，这样相处起来才更轻松，以借此开脱。他们告诉自己，与身处伴侣关系中相比，当"性伴侣"对双方都好。其实并非如此。

放弃伴侣关系与其固有的责任而继续肉体关系，对症的无非是感情困扰。但不要相信所谓的"性伴侣"方案。发生性关系就要负相应的责任，如果不负责，那就只是互相利用。停下吧，你该长大了。根本不是什么"性伴侣"，有的只是"不清楚所作所为是在害人害己的朋友"，不要跟前任或任何人有这类关系。人生是要用尊严做向导的，除非那个人愿意担当起责任，否则不要做这样的事儿，特别当对方是你的旧情人时。

已逝的，请将它埋葬，而不要做它的陪葬。

7. 我们奔走在同一个圈子

"我是新奥尔良的一个爵士乐手。这个小镇里的所有爵士乐手都互相认识。我和前任总是难免会碰面。"

"前任和我要对共同监护权做安排，我们不得不一直见面。他总是和我聊他参加了很棒的聚会，或者又要去见什么女人。我都快要疯了。"

"我是达拉斯的男同性恋者。这个社区的所有人都互相认识，大家往往住在同一个街区，在同样的商店购物或去同样的餐馆吃饭。我总是会见到前任，听到他谈论我。"

"我们在一幢楼里上班，经常参加同样的会议。我总能看见前女友，无意中会听到她说起新男友的事情。"

"我与前任都是百老汇演员。我们不只常常碰面，还要经常共同出演。我尽量断掉联系，但根本不可能，我们仍然不停地撞见。"

"我与前任参加了同一个 12 步疗法团体，她不愿退出，我也不愿退出。我听到她聊过我们之间的关系，不是她说的那样。于是我就做了些分享，来驳斥她说的某些事情，把我本来不想公开的内容也都说出来了。"

很多情况下，完全不联系是不可能的。具有共同监护权、交叉的工作、从事某些特定的职业、作为特定社群的会员都会让你和那个宁愿陌路的前任不可避免地碰面。但是，即使你们在同一栋楼、同一个部门、具有共同监护权或在同一个联系密切的社群，你依然可以遵循"断联"原则。

在这种情况下，"断联"意指在不必要时不与对方交谈，即不以"偶遇"为理由，过后再打电话、发邮件或发短信。如果你们是同事或孩子的父母，交谈自然难以避免，但请简明扼要，并且只谈论工作、孩子的事情。

有时候，对于那些参加了同一个支持小组或 12 步失恋互助会的人来说，需要认识到分手后的聚会该如何把握，以及哪些内容可以在会上分享。能够在互助会上谈及你们的感情很重要，但是要提醒一点：这容易使你们的朋友形成"三角态"。在你不知情的情况下，一条信息、一句评论可能就会传到前任那里。这可不是什么好事，于你无益，更不是你参加互助会的初衷。也许你可以找个只有女士或只有男士参加的聚会。如果你们是同性恋，不妨商量一下哪些聚会只能你去，哪些聚会只能对方去。参加同一个 12 步失恋互助会可能会让人难堪、产生痛苦，一定要划清界限。也许你们会达成一致意见——不在聚会上谈论你们的关系，只在你们与后援团之间说起。叫上后援团队和蜜友吧，试着找那些经历过分手的人聊聊，有计划地进行。不然会乱套的。

同事分手的情况同样不好处理。公司里人人都知道你们的事，你就很难安心地做好本职工作。也许你需要划个界限，工作场合不要聊你们的私事，并在这点上与前任达成共识。你们最不想见到的就是办公室里每天都在传你俩的闲话吧。和前任谈谈，工作期间讨论感情问题要遵守那些基本原则，以免流言四起。你们讲求公事公办，至于私人感情，只和那些不会与双方一起共事的密友分享。个中界限一定要清晰。

这些规则对住在联系密切的小社区这类情况也同样适用。还是要公事公办，不要把朋友、街坊当作你在社区发泄情绪的通道，以此报复对方或进行某种间接的交流。尽量不要炫耀新恋情，如果前任这样做，请你无视。玩这类把戏可能让你在短期内自我感觉良好，有机会宣泄自己的情绪，但长期下来你并不好受。

当然，在另外一些情况下你必须和前任见面。这时虽不好处理，但是上述规则同样适用。切忌随意发邮件、发短信或打电话，不要又卷进之前的感情纠葛、分手争吵这种事里。不要分享个人信息、炫耀新欢，不要醋意大发或施加操控。即便前任没有做到，你也要管好自己。如果不得不见面，就秉持公事公办的原则，就事论事。

成功"断联"的步骤

与魂牵梦萦的感觉及想要联系的强迫性冲动共处很难。这就像在戒瘾，过程很煎熬，完全是在遭罪。可想要摆脱一种习惯，就必须有相应的付出。要意识到，一开始并不容易，但是若能挺过去，你就会成为一个更好的人。

成功"断联"的第一步是要坚定决心——无论什么情况下都不去联系。这需要你与自己订立契约，也意味着你需要与不舒服的感受共处，直到这些感受淡化、消失。

你决定不打电话，不发短信，不发邮件，不访问前任的社交网站主页，既然你已经与自己有了约定，就不要去那些可以假装偶遇前任的地方了。即使你有联系前任的所有理由，也请记着，你已经做出决定。所以，请三思而后行，不要立刻付诸行动。

你要有一个家人、朋友组成的支持系统（即后援团），这样当你想要联系前任时，你就可以联系这些人。情绪在心里憋久了，你可能有一肚子话想说给前任听，这样你就可以打电话给后援团去倾诉，得到他们的支持，而不是做让自己后悔的事。你可以把一天中有不同闲暇时间段的朋友、家人列成一个清单。支持系统可以是线上的，像"分手疗愈"的博客、信箱，也可以是线下面对面的那种。要是心情很糟糕，就集结后援团，让他们知道你的状况。

身体虚弱时，精神上就难以保持专注。你要让自己休息好、吃好、睡好、玩好，做点有趣的事情，否则情绪就容易累积。如果你从不曾善待自己，那就从现在开始吧。第 5 章有更多这方面的建议。

在翻阅本书期间，你大概还一直在联系前任吧。如果不幸被我言中了，请立刻执行"断联"原则。不过也不用后悔，别老想着自己犯了错，只要不再继续就好。要是还在错误中逗留，你就会被内疚与羞耻感所羁绊。以下是一位女士告诉我的故事。

分手之后，我就想方设法地和他保持联系。打电话、发消息、发邮件。我还跑回去陪他共度周末，可到了星期日晚上，我却觉得自己挺可悲的。现在最大的挑战就是：一想到我当时既饥渴又装可怜，那么不成体统的样子，我就感到羞耻、内疚。最后我终于开始遵守"断联"原则了，我想说的是，这才是正确的处理方式。自从原谅了自己的过错，遵守"断联"原则后，我就感觉自在多了。

重要的是不要耽溺在过去的错误里，而是将过去先放在一边，从现在开始实行"断联"原则。

保持"断联"的练习

行为治疗的治疗师们会让当事人仔细记录每天的特殊事件及其引发的心理反应。如果要停止一种行为，如强制性过量进食，那么你在进食日记中就不仅要记录每天吃了什么，还要包括你的感受，以及当你产生冲动时有怎样的心理活动。当事人通过日记看见自己掉进了何种模式，就可以在冲到厨房吃食物发泄不舒服的感受之前，切断这个链条。行为日记已被证实是与非意愿行为抗衡的有效工具，会帮助你洞察许多具有破坏性的模式与习惯。

你可以利用行为日记记录你每天联系前任的次数，记录前任联系你或你联系对方时自己有何反应。你可以写一写想要联系的冲动产生之前你处于怎样的心理状态。在联系前、联系中、联系后问自己一些问题，多花点时间思考，找出自己的回答。你可以问自己想问的任何问题，下面的问题只作为参考，协助你弄清楚到底是怎么回事。

是什么触发了我想联系前任的欲望？

我现在有怎样的感受？我是否感到焦虑、无聊、悲伤、空虚或寂寞呢？

有没有什么特别的事情（想法、回忆、疑问）诱导我联系前任？

我期待联系前任后有什么结果？

我的期待是从哪里来的？这是否只是我的幻想？还是我根据过去做出的合理推测？我的期待是基于事实的，还是我的空想？

我想改变过去吗？

我想得到特定的回应吗？

我想以此来缓解痛苦和压力吗？

我认为得到消极反馈比没有任何关注更好吗？

我感到被遗弃吗？我觉得自己不重要吗？我只是想通过联系前任让对方看见我的存在吗？

我认为自己可以控制对方前行的进程吗？

我是否暗暗希望，只要我在前任面前晃来晃去，对方就无法完全放手呢？

我有怎样的动机？

为什么我会单单如此在意这个人？

联系前任的欲望类似于强迫行为、迷恋行为或成瘾，而戒掉它也需要同样的方法。若一个人酗酒或烟瘾来袭时一味想着戒除却不采取行动，只等着某一天睡醒后突然就不想喝酒或抽烟了，这当然是不可能的。你需要经历那种只要不抽烟、不喝酒，所有难受就会翻腾起来的过程。你需要面对抉择——到底是要解决问题，还是要继续上瘾。拖得越久，这种瘾就会越难戒掉。

借助行为日记，你会意识到是时候采取行动遵循"断联"原则了。接下来你可以有个特定的行动计划，让你能够抵制联系前任的强烈冲动。不妨列一个行动清单吧，在你想联系前任或想回复电话、邮件时，按清单里面的步骤来。以下是一个范例：

第 1 步，记在行为日记里；

第 2 步，打电话给朋友，或者发消息给在线的支持性团体；

第 3 步，冲个澡；

第 4 步，做手工或其他自己喜欢的事；

第 5 步，散步；

第 6 步，健身。

有了预设的具体步骤，你还可以给自己一些肯定语（见第5章）和正向反馈。行动清单写好了，在拿起电话之前，你就有了预案。这会让你有一定的自我管理，而不会被冲动牵着鼻子走。它可以作为指南，让你知道处于情绪阵痛之中、无力抑制住联系前任的冲动时该怎么办。

你可能需要用不同的行动、行为做个测验，评估哪一种方法对你最有效。花时间好好想想吧。也许是去个没有电话和电脑的地方；也许是把手机扔在家里，开车到公园、商场或无法通信的地方；也许你需要的是睡一觉、看看电视。你可以叫上好友陪你看电影、做运动或锻炼。也许你喜欢的方式是冥想，那么你可以静静地观想，当没有前任，也没有想联系对方的念头时，你的生活会是什么样子。

还有一点很重要，你得思考或列举一些备选方案，以便在你特别渴望联络前任时使用。列个事项清单，查询行动计划，多做些备选方案。其实除了拨电话，你还有很多选择。

要是上述这些都对你无效，就请扪心自问：你还没受够吗？撞了这么多回南墙还不死心吗？要知道，你越是与前任搅和在泥沼里，离自己向往的快乐新生活就越远。那种你向往的快乐新生活才是你值得拥有的。

让自己变强大、继续前行的关键在于将自己与之前的感情、与前任剥离开来，要知道你已经与对方在一起耗费了太多时间，只要这个人还在扰乱你的心智，你就很难给这段关系画上完整的句号，迎接全新的自我。不断寻求联系，或者不断回应对方，只会让自己止步不前，平添伤痛，而对于开启更有意义的新生活却有害无益。

那样你自己不也挺难受吗？

停下来吧！

第 4 章

面对失去：哀伤疗愈

哀伤并不走直线，
你会在各种情绪的反复中曲折前行。

> 当开放性伤口正在愈合或闭合性伤口开始恶化时，哀伤就会泛起，它以或诚实或矫饰的状态存在，通过或适宜或不适宜的方式被表达。
>
> **伊丽莎白·库布勒·罗斯（Elisabeth Kubler-Ross）**
>
> 哀伤本身就是种药。
>
> **威廉·考珀（William Cowper）**

时间不是万能药。如果是，你就不会因为那些残留的哀伤或很久以前的痛苦而不时感到难过。你逃避的痛苦并不会消失，只会在心里发酵。每一次你否认那份丧失的感受，就会留下一大堆未处理的哀伤，于是你越来越难以承受。

我们如此害怕受伤，往往就是由于那些残留的哀伤在作祟。于是我们生活的路越走越窄，恐惧愈演愈烈，选择越来越难。残留的哀伤操纵着我们，使我们很难与人亲近，很难再信任他人。

恐惧引发"战或逃"的应激反应。感情里"战或逃"的表现形式因人而异。有人会产生亲密关系障碍。好不容易走近了，却又感觉喘不过气来，于是选择逃跑。有人会用"战斗"回应自己的恐惧，一旦相处的"蜜月期"结束，双方就会掉进无休止的争吵与分分合合的相处模式中。很多两性关系障碍的直接原因就是一方或双方有残留的哀伤。化解丧失引发的感受意味着你不再畏惧，这样你就能够拥有更快乐、更健康的感情生活。

我成为哀伤治疗师的一个原因就是：我自己正是通过对哀伤做功课让自己得以疗愈的。我曾经是个感情上有缺陷的人，我害怕受伤，害怕亲密，这些都是因为我有残留的哀伤。

回顾过去种种丧失的遭遇让我很难受，就像手触碰到了烧红的火炉一般。每一次，我都会畏缩不前。然而，当情绪的雪球越滚越大，我只能放弃抵抗，着手化解。我被迫正视所有的丧失，去感受，去疗愈，然后前进。每当如此，我都会变得更自信、更有活力。当开始疗愈后，我第一次体验到了真正的快乐。之后，我成为一名哀伤治疗师，帮助他人疗愈其内在的伤痕，让他们体验到残留的哀伤一旦被疗愈后生活本有的那种快乐。

几乎我接触的每一位来访者对在分手后承认自己的哀伤并对哀伤做功课都有所抗拒。当我们必须直面自己的真实感受时，起初都举步维艰。所以你很容易选择忽略它们，但长此以往，你就要支付昂贵的感情"过路费"。

另外，在残留的哀伤被疗愈后，所有好事就会向你走来。如果你还有其他种种丧失尚未处理，可能就会导致一连串的关系障碍。现在你有机会打破旧有模式，疗愈内在自我，学习你需要学习的功课。借这段时光好好进行自我修复，你就会在未来遇见永恒的爱。一旦你懂得怎样应对丧失，你就会认识到，丧失并非世界末日，你可以安然度过。一旦你处理了意义重大的丧失，你就会步入另一番世界。你不再心生恐惧，而是对新的情境、新的情感敞开心扉，你学会了全然地爱、自在地给予。当你不再害怕哀伤时，就能做出更好的选择。当你做出更明智的选择时，你就会与更健康的人在一起，拥有更快乐的感情生活。

当你直面自己的感受、经验与哀伤，便能够平添自信与泰然。开始做功课吧，别再盲目地用其他事物填补内在的坑洞了。请给予自己肯定，乐观面对生活，制定目标，与此同时，对哀伤开展功课，从中孕育出一个更美好、更强大、更丰富的自己。这个过程将会让你疗愈自我，改变人生。

哀伤是什么

哀伤被很多人曲解了。我在"走出过去"博客上写了一篇文章，叫"分手后的种种哀伤"。当时我还在想，但愿读者不会因为我写得过于直白而产生被冒犯的感觉。没想到读者的反应恰恰相反，该文一经发表，就一直是最受欢迎的博文之一。从文章中他们了解到，自己的状态其实是很正常的，因此，我因该文前后收到了许许多多表达感谢与宽慰的评语。仅仅让人们了解到这是正常的、自然而然的，就可以缓解痛苦，就有助于解决问题。

首先我们要明白，哀伤并不走直线，并非我们通常认为的那样，是按"阶段"发生的。哀伤其实是周期性的。第一个周期是震惊、不相信；第二个周期是回想、自弃、心烦意乱；第三个周期是认可、整合与接纳。

这些周期的顺序不是固定不变的，而是流动的。人们往往会在不同周期之间来回游走。特别是第二个周期，主要情绪处理工作都会在这里展开。由于以往被告知，哀伤是按"阶段"进行的，所以当我们发觉自己退回到某个自以为已度过的"阶段"时，就会感到惊讶或沮丧。实际上，哀伤是会在不同周期间循环往复的，直到最后你毫不含糊地通关，进入整合与接纳阶段。

第一个周期：震惊、不相信

"我不相信我们就这样完了。前几天他还在和我说结婚的事，现在却毫无征兆地离开了。这就像个噩梦，我觉得自己肯定能从这个噩梦中醒过来。"

"以前有问题解决不了，我们都同意接受婚姻咨询。这次她说我们完了，我就想着一起去找咨询师，可是她拒绝了。她搬了出去，而且不愿和我再谈这事。我真的一头雾水，这对我来说是个沉重的打击。我就呆呆地坐着，连续几个小时盯着墙，一动也不动。我只是感到震惊，人已经麻木了，基本没有知觉。"

"我们相处得不是很好，分分合合好几回。这次她要永远地离开了，一时间我都没意识到她再不会回来了。几个月来，我一直或多或少地相信她会回到我身边，我们还会重归于好。好长一段时间之后我才能够面对这个事实。"

刚开始你会感到震惊，产生怀疑，你不相信自己失去了这段关系，抑或你根本不能确认这对你而言是种丧失。你知道自己心痛，可你只是一味地予以克制、压抑、忽视、否认。有些人只会如此反应，但是与逃避相比，承认自己遭受了丧失才是更健康的反应。请记着，即便分开对彼此都好，你仍然要面对丧失。你失去了什么？至少那些你投入关系里的时间、精力与情感都付诸东流了。你最初的幻想也破灭了，伴侣身份也不再属于你了，你们的共同好友或你喜欢的前任的家人也不方便再联系了。

有时分手来得太突然，以至于你精神都有些麻木了。大脑似乎把这事屏蔽了，因为短时间内你还无法面对现实，这样的状态可能会持续一分钟、一小时、一天或接连几周、几个月。

震惊是一种保护机制，能够使我们不至于被排山倒海的情绪压垮。一段时间后，它往往会自行消减，不过要走出震惊期，有时承认自己的痛苦会更有效。

如果被甩的是你，那么就承认自己很受伤，承认那种被遗弃的感觉很猛烈吧。也许你觉得难堪、尴尬，你在承认自己的感受与退回到麻木状态之间不断游移。也许你想着手去应对，可是一旦觉得受伤，就再度自我封闭。也许你想安慰自己，分开是暂时的，对方还会回来的。你只是自欺欺人罢了，请你意识到一点，你们很可能不会和好了。是时候走出你的幻想了。承认吧，你们不会在一起了。现在不会，以后也不会了。

第二个周期：回想、自弃、心烦意乱

"我的情况很差劲，我想我需要住院。我失去的其实是一个不曾善待我的人，但我依旧几乎无力应对这种巨大的悲痛，这个过程简直糟糕透了。"

"刚开始我不想哭，不想太难过。我想出去走走，让生活恢复到有序的状态。但是，我越与这些感受抗争，它们就越强烈，最后我只能投降。当这些情绪第一次来袭时，我快要疯掉了，我的整个世界都要坍塌了。终于，痛苦渐渐消退，可我身处其中依旧不好受。"

"某个瞬间我甚至想杀人，下一分钟却又陷入歇斯底里的混乱中。我的情绪摇摆不定。时而变好，时而又无缘由地发火。我很愤怒，却突然哭起来了，我只想躲在被窝里哭。接下来我又一连几天地漠视一切。我不知道还会有怎样的情绪等着我。"

如果分手突如其来，你可能会长时间处于震惊之中，就像有人给你的心口重重的一击，你脚下的世界似乎也开始地动山摇。你也许感到自己的世界出现了不可思议的坑洞，让你觉得迷失、孤单与无力。你想逃跑、躲藏，直到最后你虽不再感觉震惊，却陷入了深沉的哀伤里。

极度伤心

让我们回到分手的场景。你爱的那个人或你以为爱你的那个人对你说："我们分手吧。"即便你有预感，即便你们相处得不好，即便你知道问题可能没办法解决，你还是会觉得好伤心。如果分手毫无征兆，你会更加伤心。如果你的爱人欺骗了你，对你说谎或虐待过你，那你更会伤心欲绝。即使并没有这些悲惨遭遇，在一种巨大的丧失感面前，你还是好伤心。

那个人曾经是你生活的一部分，分开了，势必会产生痛苦的情绪。你也知道会痛，可这种火辣辣的痛还是令你猝不及防。它把你搅得翻来覆去，你却不知道这些痛苦究竟来自哪里。这比你想象的难受太多了。

剧烈痛苦踏着变幻无常的情节来回上演，令人头晕目眩，这就是"哀伤的阵痛"。你觉得自己简直要被压垮了。同时你可能也有身体反应，觉得自己像感冒了。各种心理痛苦与身体症状折磨着你，你不想和任何人联系，生活似乎有了一种不真实的、朦胧的基调。每一天你都步履蹒跚，即使普通事务都让你觉得不堪重负。一天到晚，你的头脑都被这样的痛苦占据着。

有时你会被这猛烈的情绪吓到。不过这是正常反应，你并不会失控，也不会发疯，你只是在哀伤。

有段日子会很难熬，可痛苦总会过去。从每次一小时到一分钟再到一秒，不管怎么变化，这都是必经的过程。你需要知道，这是暂时的，你不会一直这样下去。可以参考第 5 章的建议，善待自己，艰难的时候要对自己温柔点。放宽心吧，你可以的，你会走出来的。

前任与恋情的不断回放

哀伤进程中，仔细回想感情经历是重要的部分，也是会让你抓狂的部分。要走出这段关系，你就必须正视它。你的头脑切换到了"倒带挡"，无休止地回放过去的情感生活。你无法不想你的恋情与前任。一遍又一遍，你不停地清点着你们分手的场景或那些快乐时光。你的头脑在分手与美好回忆之间来回跳转。你一会儿想到自己曾那样爱对方，一会儿又想到对方曾那样伤害你。这些场景或对话随机播放，随着脑海中影像的跳转，你的情绪也变化万千。这个时候，你只想把这些统统关掉，可你就是做不到。

无休止的回想让你抓狂，但不可思议的是，这对心理调整是非常必要的，这样你才可以穿越这个阶段。虽然它不会一直持续下去，但不代表你不需要穿越它，这意味着，你正在穿越它的过程里。尽管这让人发疯，似乎很负面，但这类回想却是关乎放下的，并非执着。

在这段时间，你会忍不住地抗拒这些思绪，想找点事让自己"忙起来"。毕竟，脑海里的画面要把你逼疯了！你可以将这些记录在日记中，与他人聊聊，在房间里走来走去，或者拧自己的手，诅咒这个该死的过程，无论如何，请你允许它发生。当你开始进行亲密关系梳理时，这类浮想联翩就会减少，你也会对情况有一定的掌控。你仍然会有一些关于这段情感的念头与情绪，但那时它将充当正向的宣泄渠道，直到混乱隐退。亲密关系梳理会对回想有所管控，让你成为影片的导演。

混乱与困惑

分手之后，你可能会感到身心俱疲，要么失眠，要么嗜睡。你会动辄就出点意外，有时甚至说话都语无伦次。你觉得整个人都很散乱，自己就快要被拖垮了。你还会怀疑自己的能力或神智是不是出了问题。情绪是这样强烈而又难以抑制，你十分害怕，害怕把自己的感受发泄出来，自己会完全崩盘。

这是正常的。哀伤过程引发了迷茫、混乱，还有饮食与睡眠困扰，甚至破坏了最有益的日常活动。哀伤会一直引你去注意它，而混乱就是让你关注它的一种手段。心智正在试图对你的世界进行重组，因为它知道，那个原本在一起的人现在离开了。

对于那些第一次经历分手的人，迷茫与混乱是难以承受的。的确很难熬，但是请允许自己伤心吧，允许自己感到混乱或疑惑。记着，你现在比较容易出意外，特别是开车时务必要当心。就像禁止酒后驾驶那样，陷入哀伤的人也应该被禁止开车。记着，你现在不能开车，请对自己、对他人负责。

写心情日记能帮你组织想法，而列清单与安排日程表的习惯也不可或缺。如果你向来都缺乏条理，情况可能会更加不妙。所以，是时候把事情写下来了。要知道你现在的记忆力可不比平日。

也许你是那种记忆力很好的人，通常都能记得自己要做的事情。时间一到，自己就会想起来。但是很快，你的记忆力就会遇到严重挑战。即使你曾以自己超群的记忆力为傲，现在你也会吃惊地发现它没那么好使了。现在可不是自我标榜的时候，不未雨绸缪可能就会出现大问题。尽可能地找些东西或人来提醒你吧。强迫自己把该做的事情写下来，也别不好意思让他人来提醒你。

你的记忆力还会恢复的。要是觉得记忆力退步了，请尽力保持头脑清醒吧。

反正你在这个时候也不需要记忆力太好，因为这只会徒增烦恼。尽量做到有条有理，要是忘记什么事情，也别太苛责自己。一切总会过去的。

愤怒

分手后，愤怒是种合理的反应。被剥夺的感受会让人们产生愤怒情绪。虽然愤怒是正常的情绪，但依愤怒行事则大为不妥。你可以也应该承认自己的愤怒情绪，你可以感受愤怒情绪，书写它，谈论它，它终将消散。只是不要将愤怒付诸行动，或者迁怒于人。

如果你觉得愤怒是不能接受的、坏的、错的，所以压抑它，那么它就会从其他地方跑出来。有人拒绝承认愤怒，所以从头到尾都把怒气发泄到他人身上，总是处于易生气、易激惹状态，或者常常暴躁不安、充满敌意。这些都是愤怒未被表达的不同表现形式。如果你在生活里总会莫名地郁闷，就可能有与愤怒相关的情绪问题。

如果你是第一次面对自己的愤怒，那么你感到的可能不仅仅是愤怒，而是暴怒。承认它、宣泄它，但不要迁怒他人。开车或跟人打交道的时候，一定得注意这一点，这样就可避免把怒气撒在他人身上的不当行为。

你的愤怒情绪是属于自己的。拥有它。安置它。

这里有一些帮你进行愤怒管理的方法：

给那些让你生气的人写信，包括父母、爱人，但不要寄出去；

与朋友聊聊；

与治疗师聊聊；

出去好好散个步；

捶打很重的包裹；

摔旧盘子；

锻炼；

在车里尖叫；

用棍子敲打枕头；

撕纸（用前任的旧明信片或信件更好）。

也可以换种相反的方式，尽量让自己平静下来。冥想、放松、深呼吸或数数，数到 10。

如果你实在控制不住自己的情绪，那也可以去看心理咨询师、心理治疗师或医生，或者参加愤怒管理课程。

其实，悲伤与愤怒是事物的一体两面。有人说，把愤怒从外到里翻过来就是悲伤，反之，把悲伤从里到外翻过来就成了愤怒。在处理哀伤的过程中，当一个人不能与悲伤建立联结时，让他表达愤怒便可以使其悲伤情绪流露。有一次我参加了一个愤怒管理工作坊，课上有个用短棍敲打大包裹的练习。参加工作坊的许多人长时间积压愤怒，却又不敢表达，以为发泄愤怒会产生杀人的暴力倾向。课上他们被引导以一种健康的方式把愤怒发泄了出来。实际结果恰恰相反，当他们与埋藏在愤怒底下的悲伤联结之后，大多数人都痛哭流涕。对愤怒做功课会让人觉得难以承受，但是通过健康方式承认它、表达它，进而释放它却有着很好的疗愈效果。

内疚

内疚是哀伤进程正常的组成部分。不管在感情里表现得多么得体，生而为人，我们总会为某些做过的或没做过的事情、说过的或没说过的话语而感到内疚。我们总想让事情有所不同。但是，内疚这种情绪不仅于事无补，甚至还会起反作用。内疚让你觉得分手是自己造成的，要是自己够诚恳地道歉或换种方式行事，感情就不会出问题。陷入内疚将大大阻碍你前行的脚步。只要你觉得自己还有机会挽回，耽溺于以前做过的或没做过的事情，你就无法前进。内疚源自你无力接受既定事实，是一种自认为有力量能够回到过去、修正过去的错觉。

然而，你不能回到过去。即便你能，结局也不会改变。发生了就是发生了，回头只是在做无用功。如果需要写道歉信，那就去写好了，但是不必寄出。只是记着，就算是你做错了，是你造成了分手，你也需要接受这个事实，从中学习，然后往前走。

金无足赤，人无完人。就算你犯了天大的错误，总归还是要做这项功课的，好好疗愈自我，对自己所作所为负起责任才是对过去最好的修正。也许你一直都是"乖孩子"，只是对自己察觉到的某些缺点觉得内疚而已。那就写在日记里，把让你感到内疚的事情都写下来。也可以把它列入亲密关系梳理、生命盘点里保存起来。无论如何，请记得，内疚只会起反作用，把它全部丢掉吧。

焦虑

丧失之后，很多人知道自己会悲伤、愤怒、不安，甚至迷茫。人们通常想不到的是，自己会焦虑。第一波焦虑来袭，我们会心神不定，总想找些事做。严重点会表现在身体上，你会变得烦躁，对噪声、响动极其敏感。你可能会觉得心脏就像要跳出来似的，或者你的手不停地颤抖。焦虑可能让你睡不好，吃不好。哀伤过程伴生的这些焦虑使你变得虚弱。焦虑引发的这些生理症状让你想去看医生，服用能够暂时缓解症状的药。

要是还没严重到必须就医的地步，你不妨试试自我平复技巧。找个自己喜欢的房间，或者就在卧室里，营造出放松的氛围，你可以点些蜡烛，或者用柔和的灯光也行。放点轻音乐，让自己放松。平躺下来，闭上双眼，观想自己正在沙滩、瀑布这样一些让人心神宁静的地方。如果你不会观想，无法放松，那也可以找些放松、冥想或自我催眠的音频。或许还可以做个按摩，或者去水疗馆做个护理。把这些写下来，或者与朋友聊聊也是有帮助的。

人们在被焦虑折磨时，有时就会产生某些强迫性想法。我在第 5 章还会谈到。如果你有这方面的困扰，可以通过做手工或涂鸦的方式予以缓解，边做边放些平和的音乐，或者点上蜡烛。你可以尝试不同方法，要知道，焦虑不过是哀伤进程的一个方面，也会很快过去的。

矛盾心理

矛盾心理是所有哀伤固有的情绪体验，包括所爱之人离世。在人们的预期里，往往只有爱、恨、难过或愤怒的感觉，却没有料到，有时所有情绪居然会交织在一起，甚至有时连自己也不清楚是什么情绪。哀伤进程有很强的迷惑性，特别是当看似与哀伤无关的情绪涌现、几乎把你淹没时。你深感无力，觉得自己快要疯了。有时你不知道自己是什么感受，有时你好像没有任何感受；有时你感到深沉的爱意，接着却是强烈的憎恶；有时你觉得非常难过，可难过后又涌起强烈的愤怒。有时情绪毫无预兆地来了又走。你很想搞清楚这些情绪到底是什么，可是，连下一刻会有什么感受，你都无力掌控。不知道自己到底是什么感受也是很正常的。

当你没有任何感受，或者只有难以名状的漠然时，你可以感谢有这么一个缓冲期。当你认为自己应该有什么感受，或者别人说你应该有什么感受，而你并没有觉得自己有这些感受时，无需自责。接受这种矛盾心理吧，当你准备好时，其他情绪就会清晰起来。感受没有对错，感受只是感受。允许它们如其所是就好。

黏着与找回

无论面对哪种丧失，心智总想着要把世界恢复原样。某样东西或某个人不在了，它就会产生找回来的冲动。把世界重新组合成"应该"的样子，这就是心智的处理方式。因此我们会对失去的那个人有所黏着，产生想要找回的强烈冲动。

当哀伤情绪达到顶峰时，黏着与找回的念想就会升起。它可以让你感到相当苦恼。依赖熟悉的事物能使我们在自己的世界里感到安全、可靠，即便这种依赖并不健康，甚至具有破坏性。有什么人或东西被剥夺了，我们本能地就想把它找回来。我们最脆弱的时候，这种冲动也最强烈。

当所爱之人离世时，人们会强烈地体验到找回的渴望。他们会在人群里寻找已故者或无意识地拨打那个人的电话。在哀伤进程中，这些行为表现都是正常而自然的。心智借此把事实暂时悬挂起来，企图将事情恢复原样。对分手而言，当人们出现找回的渴求时，他们往往想和前任谈谈。但是，此时你正处于"黏着与找回"期，你太脆弱了，要当心，别说出一些让自己后悔的话。记得，这也只是暂时的心理状态。

倘若哀伤进程走到了这个周期，那将是满目凄凉。所爱之人离世后，人们会拨打已故者的电话，或者来到已故者家门口。这个情绪周期会来得很迅猛。显然，如果是分手的情况，那个人还在，你尚能够联系上对方。即使如此你也不该去联系，因为这对你没有任何好处。"黏着与找回"正是哀伤进程中的情绪低谷，想必你并不想向前任展示自己最脆弱的一面吧。此外，找回的渴望可能会演变成暗地跟踪，这就不只是不合适，而且是不合法了。别这样。有这种冲动很正常，但别将之付诸行动。要知道，这种试图寻找的强烈冲动只是哀伤进程中令人挫败的、不舒服的元素，随着时间的推移会慢慢减退的。

在这种冲动面前，你越不妥协，就越容易渡过难关。你不想迷失自我，你想要强大起来，你也有自知之明，那么就不要回头了，这些感受，忍一忍就会过去的。

"断联"原则中的那些技巧在这里也同样适用。由于不能去寻找，你可能会感到烦躁不安，那就试试针对"焦虑"所提的那些对策吧，毕竟都会出现类似的心神不定：写日记；给前任写信，但别发出去；与好友聊聊天或一起去看电影；或者做冥想、放松训练；或者做点手工。反正找回的冲动早晚都会消退的。

抑郁与临床干预的必要

分手本就痛苦。你的伤痛与其说是爱的标尺，不如说是对人性的衡量。我们因为爱而产生了依恋，失去爱便是断开这种依恋，这让我们很受伤。倘若再有许多过去的伤痛不曾化解，我们就很容易抑郁。

分手后，即使我们疼得火辣辣的，甚至到了凄凄惨惨的地步，也是再正常不过的。踱来踱去、失眠、焦虑、精神涣散与情绪低迷则是哀伤进程的副作用，也属正常情况。就算程度比较严重，或者连着一两天有点衰弱，也是常态。

但是，有自杀的想法或严重抑郁就不属于正常范畴了，如果你出现了这类反应，则凡事行动之前请先问问专业人士。即便你没有自杀倾向，感到极度绝望甚至毫无希望也是临床抑郁症的征兆。如果无法正常生活就不要工作了。哀伤进程会影响你的日常活动，也会让你觉得没有太多精力。你可能需要给自己一两天心理健康假期。不过，这种情况不同于临床抑郁症。如果过了一两天还是无法正常生活，那你可以去做个评估和诊断。也许你已经有临床抑郁症的症状，那么此时你需要接受药物干预。

在此过程中，只要你感到在抑郁影响下已经无法正常生活，甚至有自杀倾向，就请立刻求助专业人士。分手的人都可以找心理咨询师、心理治疗师求助，但是，如果你是重性抑郁发作，或者有轻生的念头，请即刻求助专业人士。

　　求助不是一种懦弱，而是有力量的表现。求助本就合情合理，何况你还在备受煎熬。要度过这段最难挨的日子，或许需要心理咨询、药物的帮助。所以，获取支撑是理所应当的，这也意味着你正在疗愈上下功夫。不要独自默默地承受，勇敢地求助吧。

关于哀伤第二个周期的额外建议

　　除了之前的建议，在这段时期务必要照顾好自己，保证健康饮食与充足睡眠，要勤于锻炼。可以遵循第 5 章里自我关照的提示。记得每天在日记里给自己一句肯定语。确保这句话能让你对当天的感觉、所做的功课及顺利渡过难挨的日子更有信心。毕竟，哀伤进程又过去了一天。每晚睡前都给自己写一句肯定语，让自己知道距离疗愈又近了一步。要知道，状态也会时好时坏。有时不想起床，有时对周边的人、事、物又有种奇怪的抽离感。

　　你可能开始感觉好起来了，生活似乎也有了些许光亮。你似乎有了一点接纳与整合的感觉，却又猛地一下子掉进了第二个周期的大旋涡。这就是情绪回潮，也属于正常现象。这种情况持续时间会越来越短，程度也会越来越轻。

第三个周期：认可、整合与接纳

"一天，我突然意识到自己已经哭了好些日子了，也突然意识到自己已很久未曾想起他了。这种感觉来得悄无声息，我知道，我正在逐步好起来。"

"本以为我开始好转了，情绪却再度低落，反反复复。我觉得自己大概是过不去这个坎了，几次反复之后，我才从情绪丛林里走出来，而当那一天到来时，我可以很坦诚地说，我通关了。"

哀伤的最后一个周期是接纳，有时则称为认可或整合。进入这个周期并不是说你会就此快乐起来，而是意味着你开始往前走，对分手开始感到平静了。

接纳丧失不意味着忘却或没有悲伤，而标志着你进入最后一个周期的转折点。接纳是理解了所发生的一切，明白过往已无法改变。当你渡过最难熬的情绪关口时，往往就会初尝接纳的滋味。虽然在这之后，各种情绪还会再次泛起，你会掉落回哀伤进程的第二个周期，但这份接纳的感觉终将回来。待到那时，你会平静地接纳丧失，而且与痛苦的持续时间相比，接纳周期的持续时间会更长。

这是哀伤的最后一个周期。此时，你会对生活和丧失产生一种崭新的理解，因为你从更深刻的层面对个人生活进行了重新组合。一旦人们穿越了具有重大意义的丧失，就会有新的人生优先选项、新的价值观，以及不同于往昔的视角。在这种时刻，人们倾向于做出某些重要改变：他们可能会换工作，重返学业，或者搬到另一个州，抑或开始认真地对待人生目标。一旦你感受到接纳，就着手设定目标，制订接下来几年的计划吧，就像第 5 章概述的那样。即使你退回到了要做情绪功课的处境，你也可以先着手勾画蓝图。当重回接纳状态后，你可以重新审视目标规划，修饰润色。

对丧失完成整合意味着你发现了人生的新面貌，你又开始享受生活了，而不再背负内疚与苦痛。在这个周期里，人们往往会再度关照之前无视许久的需求与感受，而生发出一种丧失之前不曾有过的勇气与力量感。整合也意味着允许自己再次投入地生活，投入地爱。这将让你带着对自己新的领悟与欣赏继续前行。

关于接纳，还有最后一句话想送给你：接纳来得悄无声息，同样也是以周期作为旋律。当你真的找到它时，请接受它、享受它。你可能会觉得奇怪，它与你预想的不一样。某些时刻，你会感到无比快乐，有时却只有一种空落落的感觉，仿佛有什么迷失了，抑或，似乎又会变得淡定而安详。请与平静安然共处吧。它表明生活正在正常运转。

很快，你将能够翻过这一页，帮助其他人踏上自我疗愈之旅。请让更多人懂得，对丧失做功课是痛苦的、艰难的，但收获却是令人惊喜的。和那些刚刚开始旅程的人们分享你的故事吧，这样他们一路走来，就能够也像你这样，水到渠成。

第 5 章

善待自己：
爱自己才能爱他人

只有自我珍视的人，

才能得到他人的珍视。

能够把精力从前任那里收回来，倾注在你自己的生活里，这是非常重要的。有时分手来得让人摸不着头脑，但即使它在意料之中，仍会夹杂着那些充当导火索的大事小情在脑海中不断回放。如第 4 章所述，这是哀伤的第二个周期。在该阶段，你反复咀嚼过往所有的对话，试图弄清楚或搞明白。我的客户、学生与读者会以各种方式来问我相似的问题。

为什么会这样？

我怎么会为这个人伤心？

该如何挽回？

为什么？为什么？为什么？怎么办？怎么办？怎么办？

有这些想法很正常，危险的是你在这些强迫性思维中迷失自己。强迫性思维的典型定义是指反复的、侵入性的想法。要注意，强迫性思维不同于哀伤进程中必要的回顾，也不同于为自我成长重新审视感情。相反，强迫性思维与那些你无力更改的事情反复纠缠。随着过往的经历不断浮现，你试图找到某些根本不存在的答案。漫无目的，思来想去。

在你尚未搞清状况时，问题便会接二连三地冒出来。一位女士说："前任老是夸我成熟，可是他却为了一个幼稚的、娇生惯养的女人离开了我。真搞不懂。"另一位男士说："起初我以为过了那个阶段就好了，如果我不去烦她，说不定她的态度就会转变了。没想到接下来她走人了，还说我不是她心目中的那个人，对我没有那种感觉了。我就纳闷儿了，究竟是我哪里做错了，还是有什么事我没做到位呢？"

有时候，即使交往很久，也只能眼睁睁地看着我们自以为了解的人变得陌生。一位女士说："在一起 4 年后，男朋友突然变得自恋、抑郁，把我推开了。他不再是我认识的那个他了。这让我难以理解。"一名男同性恋者为了爱人和家里闹翻了，于是他们搬到了离家很远的地方，这样两个人就更方便在一起了，他说："当时他答应了好多事，后来我们去了另一个城市，他突然就把我甩了。当初是他求我和他一起搬过去的，现在却不认账了。我觉得又受伤又寂寞，却不明白怎么会这样。"你很难不猜来想去，但是要想继续前行，就需要放下这些疑问。

有时候，比起接受一个让自己困惑的事实，我们更愿意相信奇迹会发生，我们会对自己说："不会的。肯定不会一直这样下去的，这只是暂时的。"我们坐等着有一天，所爱之人忽然清醒过来，一切就有希望了。说不定，我们便能够扭转现状了。

到最后，你会充分体会到现实的残酷，受伤、愤怒、背叛与被遗弃的打击也随之而来。你开始想，怎样才能把自己变成或变回一个能令前任爱上的人。我要文静点、瘦点、开朗点；我不能再老是抱怨了；我不再找麻烦了；我要让自己学着去喜欢那些以前受不了的家人、朋友；我要回学校；我不上学算了；我得换着花样儿穿衣服；我得买辆新车；我得去打个防过敏针，这样就不怕那只猫了；我得换个行业上班；我得不让孩子乱说话；我得多搞搞清洁；我得少搞搞清洁；我要做美味佳肴；我要学着倾听；我要早点睡；我要晚点睡；我要去教堂；我不再去教堂了……我把事情都做了，我啥也不掺和了。我得这样。我不能那样。我要成为所有可能的样子，只要不是我现在这样子。我要把自己从里到外地翻新成对方喜欢的样子。我能做到，我会做到的。

你即刻想到的是，要改变现状就得按对方期待的样子改变自己。然而事实并非如此。别再忧心自己哪里不好了，就算你的确有需要改善的地方，也不意味着你不是一个可爱的、值得被爱的人。其实，正是你这样可爱的、值得被爱的人才有成长的意愿，希望自己变得更好。

你必须下定决心回到自己的世界里。只要你还耽溺在为什么、是什么或怎么样这些问题里，还在担心前任此刻在干什么或没干什么，你就是在拖延往前走的脚步。诚然，要是前任做了什么一反常态的事儿，或者干了什么匪夷所思的事儿，你很难不去想它。这场斗争需要决心、自律。当你在问为什么、是什么或怎么样时，当你企图摸清楚事情的来龙去脉时，当你一心想把自己变成前任期待的那个样子时，请对自己说："随它去吧，随它去吧，随它去吧。"

是的，这个咒语被诵念三遍之后会产生魔力。无论何时，当你又在反复地咀嚼过去、不断地想起前任时，当你又在问这些毫无意义的问题时，请对自己说："打住。随它去吧，随它去

吧，随它去吧。"你知道吗？就需要这种无所谓的态度。

唯一要紧的是你自己现在要干什么，你要把焦点放在哪里。只要你在想着别人的世界，就没有人来照管你自己的世界了！所以，别再问这些与前任有关的问题了，开始问与自己有关的问题。

把注意力放到自己身上

毫无疑问，从过去的感情里走出来，需要你体验并表达痛苦、愤怒、困惑与挫败。在体验自己的感受之外，你还需要重新审视自己的感情，检查还有哪些未完成的功课。你需要走出屋子，结识新朋友，做点新鲜的尝试，过过不一样的生活。你需要好好规划，一边回看痛苦的过去，一边过好当下的生活。这些都不容易。

要做到这些，唯一的办法就是要用积极的、乐观向上的行动来平衡。这不仅会让你更致力于自我疗愈的进程，还会使你在这段可能动荡不安的时期里保有一种生命的稳定感。在这段历程中，你要记得，大自然喜欢虚空，平衡是一切的关键。你在做情绪工作时，每一天也是如此，保持平衡，善待自己，包括但不限于以下内容。

用日记写下自己的想法、感受；

用善意、爱意、正向的想法来肯定自己；

擦除消极的自我对话；

列感恩清单；

与强迫性思维对峙；

制定目标；

给自己信心，劳逸结合；

照顾好自己的身体；

做点让自己感觉不错的事，每周至少一次；

寻求支持。

本章详细谈到了自我关照的一些步骤，在哀伤处理与疗愈的过程中，你随时可以再次翻阅。

写日记：写出来

写日记对疗愈是不可或缺的，尽管这听上去与自我关照无关，反倒像做作业。在难熬的这段时光里，在吐故纳新的过程中，你可以把日记当成你的伙伴。哀伤只是感受得以宣泄的路径，而要想成功过关，你需要建立积极的自我对话，制订好计划。写日记不仅让你二者兼得，还能让你保持平衡。分手的情绪余波过后，你有太多事情想去体会、学习、思索、分配与规划。写日记会帮你好好梳理这一切：不仅让你对自己的情感历程清晰起来，还有助于你把自己的目标和梦想转化成具体的行动计划。日记会向你展现出过去的经历、未来的定位，让你做出调整，然后找到下一步怎么走。

觉察自己当下的状态，意识到自己对未来的展望是永久性转变的开始。试着把自己抽离出来，观察自己的念头和感受，观察周围的人。观察对掌控生活是个强有力的工具。你可以把观察到的写下来，即便你不知道有什么意义。到最后，你会发现，这些观察记录会引导你看到自己的人生模式及尚待完成的课题。

试着把写日记变成每天的习惯，你可以这样想，这对提高写作水平也是极好的。你需要一个笔记本、一支钢笔、一本特别的册子吗？还是在电脑上写呢？或者，弄个小的平板、录音笔把你一整天的所思所想记录下来，等晚上再传到电脑上？都可以。一名培训学员拿了一支精美的钢笔，他很喜欢，觉得写日记能用得上，确实是用上了。另一位女士买了本空白的记事本，自己对封面做了美化。还有一位学员则用了活页夹，每天都取出几张纸做记录，晚上再放回去。你怎么做都行，它是你的专属物品，接下来几周你都要利用起来。

养成习惯，每天花点时间写写你最近的进展，以及为了超越丧失的痛苦接下来可以做什么。你现在感觉如何？你在干什么？你希望生活有哪些改变？几周后，这就会变成你的第二本能，对你的影响也会相当明显。"情感日记"贯穿全书，因为它的确是继续前行的重要环节。

肯定语与积极的自我对话

"肯定语给我的人生带来了不可思议的影响。再多的谈话治疗、再多的研讨都无法让我的低自我价值感得以提升，而肯定语却奏效了。"

"使用积极的自我对话让我成了更快乐的人。刚开始的影响是很微妙的，慢慢地你会发觉，自己的形象与态度变了，而且总能看到事情好的那面。"

"如果没有肯定语，我可能就不会取得现在这么大的进步。我学着每天写一写、读一读，一切就变了。"

在与任何人建立健康、良好的关系之前，你必须先与自己建立起健康、良好的关系。没有任何人会比我们更爱我们自己。快乐健康的人生需要从打造积极的自我形象与高自我价值感开始。如果你的自我价值感不高，你可以努力提升。

低自我价值感可能会有诸多原因。也许你在迄今为止的人生中都处于这样的状态，也许是上段感情以分手告终击溃了你本来的高自我价值感。关系结束了，你除了感到孤单，还意识到自己有这样或那样的缺点，这让你痛苦。也许你专注在自己行为或言语上的过错已经很久了，你甚至在想，这一切都是自己造成的，是自己太糟糕了。也许前任有了新欢，于是你不断地与其比较。如果说分手时你的自我价值感尚可，那前任有了新欢会让你的自我价值感骤降。倘若这个人恰巧在各方面都超越你，你就会开始长期地贬损自己。

也许这种低价值感陪伴了你几周，抑或你人生过去的时光都处于这样的状态，不管什么情况，是时候用积极的自我对话、肯定语和观想（在内心视觉化呈现）来改变这个现状了。我们会依次谈这些方面。

自我对话

一天之中，关于我是谁，我们会给自己成千上万条信息。在日常互动和活动过程中，心智的眼睛会收录我们所有的言行与感受。我们会对自己的一举一动进行自我评价，且这种自我评价往往是毫不留情的。例如，你忘事的时候，就会说："天啊，我怎么就把这事忘了！真是个笨蛋！"你甚至都不会留意到你在对自己说这样的话，因为这种习惯性的观念已经根深蒂固。我在培训课程中也举了这个例子，有人举手说："可是，要是我真的忘事了，不就是很笨嘛！"这是因为，在人生中的某个时刻有人曾对他们说过，忘了什么事情是与"笨蛋"画等号的。

然而，这只是种信息，就算它再怎么根深蒂固，也不是真实的。忘事儿是人之常情，但这并不意味着你是笨蛋。而当我们将普通的错误与不完美视作性格缺陷时，我们便无法维持积极的自我形象。于是，我们会满足于和不健康的伴侣维持并不美好的情感关系。所以，我们必须停下这种消极的自我评价。不过，你还记得吗，大自然喜欢虚空。仅仅停止消极的自我评价是不够的，你必须借助肯定语把它转变成积极的自我评价。

肯定语

也许你听过肯定语（积极的自我宣言），你会怀疑这对你有没有用。也许你之前尝试过一两次，可没什么效果。如果你遇到过上述情况，也无可非议：并非所有肯定语都有效。在坊间的书籍、音频或网上我们会看到很多不好的肯定语范例。但是，你不妨再试一次，正确使用肯定语将会是强有力的工具。

为什么肯定语会起作用呢？因为它能补给有关"身份认同"的信息，培育的是你的潜意识。要理解这点，你需要知道潜意识是怎样运作的。潜意识塑造你的技能、习惯、性格倾向与自我形象，对你的人生具有强大的作用，但其运作原理却是很基础性的。潜意识"头脑"简单，又具有惯性。说它"头脑"简单，是因为潜意识只能理解单独的、容易的概念；它从字面理解句子；它无法分辨真实与假设的想法；它只知道当下；它无法理解否定语态，不理解此刻"没有"的；它会回应人们的观想。说它具有惯性，是因为它对重复做出反应，信息通过被重复而留下印记；印记一经产生，便不会轻易消除；反复的心理暗示可以对潜意识头脑进行编程。

这些特点揭示了为什么你的自我价值感一开始就比较低，以及为什么肯定语会奏效。儿童时期，父母、同龄人与其他人给你灌输了太多关于你是谁的信息，而这些统统在你的潜意识中留下了印记，你的自我形象也正是这样被塑造的。如果你从小接收了过多负面信息，那么你的自我形象便会比较消极，同时你还会不自觉地被能够证实和强化你自卑感的那类人所吸引。是时候拿回对潜意识编程的主导权，重新掌控自己的人生了。以潜意识能理解的方式输入积极的信息，那些陈旧的观念就会被改写。

肯定语能够更改你一路走来接收的所有消极反馈，但这个过程并非一蹴而就，而需要日复一日的训练。"解除旧编程"，就像播种之后，还要有一个每天多次、持续反复照料的过程。好消息是，一旦潜意识被重新编程了，新编程就不容易被更改。所以，将思维、时间与精力投入肯定语和积极的自我对话上，你不仅可以消除一生中的负面印记，提升自尊，而且这种良好状态可以一直保持。你的努力是值得的，因为你会有巨大的收获。

肯定语有多种使用方式。

第一，自发打断式。这适用于当你发觉自己在说自己坏话、痛斥自己或认同了他人对自己的批评时。通过这种打断，再加上一句积极的话，可以与消极想法抗衡。例如，你忘事儿了，对"我居然忘了！真是笨死了"这句话用"自发打断式"，你可以说："停！我其实挺聪明的！"打断之后紧跟着的积极话语，切断了你的消极自我对话，也让你有了新的视角。

第二，先发制人式。这种肯定语又可分成三种类型：自我安抚型肯定语、形象提升型肯定语与具体行动型肯定语。

1. 自我安抚型肯定语。肯定自己的真实状态，强化那些自己确实具备的良好特点，以备焦虑或不安时使用。每天说些"我的眼睛真漂亮""工作干得不错"之类的积极话语，或者说些你认为自己具有的其他优点。心情糟糕时可以用"我很好""一切都好""今天会过去的"这些话来鼓励自己，也可以认可自己的成长或给自己打气，可以说"我快好了""先苦后甜"，也可以温柔地提醒自己信任这个过程。自我安抚型肯定语的重要性在于它通过训练内在对话而帮助你养成善待自己的习惯。

2. 形象提升型肯定语。展望你希望在自己身上看到的那些改变，可以是几天或几周之后的改变。可以是关于整体形象的相关信息（如"我很自信"），也可以是你希望提升的某个方面（如"我每月做一回美甲"）。

3. 具体行动型肯定语。展望你想要达成目标需要在哪些方面采取行动。通常是确定一个希望达成的目标（如攒钱，上学等），或者找出一个你想改掉的习惯（如抽烟、贪食等），或者明确一个你想养成的习惯（如加强锻炼、按时起床等）。

一旦开始，你就会清楚，在特定情况下该怎么使用肯定语，是用于焦虑时刻的自我安抚，是士气低落时的不断增强自尊，还是要落实你希望看到的某项改变。

如何练习肯定语

观察：捕捉消极的自我对话

练习肯定语要从观察开始。停止消极的自我对话很重要，所以你要留心日常生活里自己的内在对话，记录在日记里。请倾听（认真听）自己的想法与自我评判，写下来，花点时间仔细看看。一开始，试着在每句消极的话旁边加上一句肯定自己的话。慢慢地，你只需要写上与消极的话相对应的肯定语就好了，稍后会具体讲怎样写。例如，你发现自己说"我搞砸了"，就转换成"我的做事方式是对的"。把你给自己的消极信息统统删除，然后写上对应的积极信息。了解了自己需要哪种类型的肯定语，你就可以着手围绕这些方向做准备了。

准备：怎么写出有效的肯定语

在写或读肯定语的时候不要忘了潜意识的特点。潜意识头脑只能从字面理解，只知道当下，它理解不了"没有"，也听不懂模糊、抽象的概念。把潜意识看作一个孩子，他需要简单、明确的解释。孩子只能接收他看到的、听到的，而类似时间、距离、位置（如"不在"）这些他是无法理解的。同时，还必须简明扼要，毕竟孩子的注意力有限。概括来说，有效的肯定语是正向的、当下的、个性化的、准确的，同时还要简单明确。

正向的。潜意识无法理解"不在""没有"，所以有效的肯定语一定是正向的表达。你应该把"不"字去掉，连同与"不"有关的字眼，包括"不要""不会""不能"。例如，你要戒烟，想写个肯定语，本来想写的是"我不抽烟了"，可潜意识不懂"不"是什么，就会无视"不"而将这句话变成"我抽烟了"，这恰恰背离了你的本意，所以可将句子换成"我戒烟了"，这就有效了。如果想再强化，就可以填上相关的行动型肯定语或戒烟的原因。例如，可以写成"为了健康，我戒烟了"。

当下的。潜意识只认得当下。避免"我想要""我快要"或"我将要"之类的措辞。任何把你带离当下的词都不要用。还有一些未来时态的说法也应当避免，如"我准备……""我会……""我应该要……"。你要告诉自己，你已经是某个样子了，而非你最终将成为某个样子。不要用"能够""可以""会"，这些字眼给你的暗示是，如果你想，你可以做到，但也许你并不想这样做，因为"你能够"，不等于"你是"。训练潜意识，需要你站在"是"的立场（终点），而不是你"能"怎样。

个性化的、准确的。自我安抚往往是肯定语不可或缺的成分，以使闪光点得以强化。不过，让你朝着更好的方向和期待的样子前进，这才是肯定语要达到的目的。

肯定语的功能在于帮助你做出个人方面的改善。那些模板化的肯定语之所以通常不奏效，是因为它对你来说是无意义的，对你想要的改变也是无意义的。所以，你要把肯定语变成自己的。一经写出来，就得仔细斟酌，单纯地塑造积极的自我形象是不够的，它必须对你产生意义，必须引导你朝正确的人生方向迈进。

培训中我曾举过一个案例。我的一名客户，她回去学校读书了，但心里很纠结。以前她总认为自己聪明能干，也试过可以强化这些优点的自我安抚型肯定语，但是，她还是会把自己视为"坏学生"。只是安慰自己聪明能干似乎对她没什么效果。家人早已给她输入了"坏学生"的大脑程序，在她小时候总会对她不良的学习习惯和做作业习惯指指点点，以至于她后来根本无心学业，干脆辍学了。潜意识里，她认定自己就是个"坏学生"，而在半梦半醒的人生里，这个信念就得到了强化。

这个信念在她多年之后重返校园时依旧在起作用，所以在第一个学期她总会出问题。让我们来看看她写的肯定语。第一个是"我是名好学生"。当然，这是最初的版本，我鼓励她把这个肯定语变成自己的，要有个人色彩。她眼中的好学生是怎样的？要成为好学生，她需要采取哪些具体行动？

她说小时候从不曾在学习上投入足够的时间，她写道："我更多地把精力放在学习上。"同样，"更多"是个很模糊的表达，而模糊的表达难以取得良好的效果。于是我让她思考，自己究竟要学什么，学多少。由于历史课学得不好，又老是拖延着不去看书，她就这样写："我每天晚上学习一小时历史，所以我是名好学生。"

这种表达就具体了。可是否有些过头了呢？要是好高骛远，自己就会受打击。我就问，那周末呢？你确定是每天晚上吗？她想了下，又改成了："我每周一、周三与周四学习一小时历史，所以我是名好学生。"这样的肯定语，对她就有效了，既容易坚持，又能铭记于心，还能改变对自己的看法。

事例中这个学生的肯定语之所以能够做到准确，是因为她意识到要变成自我认知中的好学生，自己需要采取哪些具体步骤。一旦认清楚这点，她就写出了有助于改变学习习惯的有效肯定语。后来她在班里学得很好，以后的学业也一路顺风。

简洁、明确的。潜意识需要你把一切讲得清清楚楚。像"每一天我会更好"这样的肯定语是无意义的，不仅是由于"我会"（前面阐述过），还因为有一个"更好"在。什么方面更好呢？这个肯定语没有说，所以对潜意识就失去了意义。你对一个小孩子讲"你需要做得更好"，孩子就会满脸疑惑地望着你。比什么更好呢？即便你明白当然是"比现在做得更好"，7岁以下的孩子却不知道你到底是什么意思。潜意识就是这样，所以你得让它知道，你说的"更好"意味着什么。如果你想要感觉更好，就可以说，"今天我很强大"。再把"强大"对你是怎样的状态进一步细化，这个肯定语就更有效了。你可以思索一下，尽可能地明晰——"我很有把握""我很有信心""我很优雅""我很有尊严""我敢于迎接挑战""我走出逆境""我随机应变"。

在使用上述技巧时，还有一些例子可以参照，以下就是一些合格的肯定语，另附上具体化之后的升级版。

好的肯定语	更好的肯定语
我有责任心	我按时付账
我有魅力	我的眼睛很美
我能吸引优秀的人	我生活里的人富有爱心 我生活里的人积极进取 我生活里的人充满善意 我受到他人的关心与尊重
我有爱心	我以关心、尊重善待他人
我爱我自己	我以关心、尊重善待自己
我记性很好	我把要记住的事情写下来
我很守时	我把约会事项写在本子上 我按时上班 我按时参加社交聚会
我善于自我管理	我每天写日记 我每天服用维生素 我每天做自我肯定

（续表）

好的肯定语	更好的肯定语
我锻炼身体	我每天走路上下班 我每周一、周三与周五去健身房
我睡眠充足	我每晚 11：00 睡觉
我待人友好	我向邻居问好

培养：坚持练习

虽说当你的消极想法出现时，能够自主地打断是很关键的一步，但自我形象的塑造却是多方位的。要改写头脑里陈旧的思想程序，潜意识需要持续不断地形成新的印记，这时主动性的自我肯定就显得尤为重要了。一次性写的肯定语太多反而会冲淡你的力量，因为一整天重复这么多肯定语并不现实。所以，还是老老实实地多写一些有效的肯定语，然后花点时间，精益求精地好好打磨。最后从中挑选 7 ~ 12 个，每天说几遍。

培养自我肯定的习惯，你就得坚持一天说几轮，天天如此。也就是说你可以早起一会儿或临睡前留点时间来诵读，并且保证自己实实在在地听进去了。也可以是一天中的其他时间。重复会帮你把这些内容输入潜意识。有人会把肯定语写在索引卡上，贴在浴室镜子上或放在办公桌上。有人会把它录音，每天来回播放。不论哪一种，只要对你有效，你都可以照做！

一条新的肯定语植入潜意识需要至少 30 天，所以你选的

7 ～ 12 条肯定语也应该至少重复 30 天。然后，重新审视它们，不需要大改，只需看看有哪些条可以略作修改后继续精进，哪些条可以剔除或补充一些新的内容。练习 30 天之后，再审视一回。

整个过程里，你需要保证自己处于有干劲的、自信的状态，并且态度认真。把肯定语、积极的自我对话与自我安抚变成你生活的一部分吧。做自己的啦啦队队长。

视觉化

说肯定语固然是整个过程必不可少的环节，然而让这些印记全面植入潜意识的却是观想（在内心视觉化呈现）。别忘了，潜意识对视觉化刺激很敏感，所以这个练习增加了一个关键层面——使积极的、新的自我形象得以内化。视觉化和放松的状态会使改变的进程加速。

每周都可以留出些时间来观想。首先，找一个感觉舒适的地方。找张舒服的椅子坐下来，或者躺在床上，或者洗个泡泡浴。播放有关冥想、放松的音频，闭上眼睛。让自己放松下来。现在你想起了自己的那些肯定语。如果事先已录音，就播放那段录音。如果没有，可以找其中两条肯定语。针对这两条肯定语开始工作，观想自己已经达到自己期待的那个状态。花点时间慢慢感受，用心灵的眼睛看见自己，看见自己变成自己期待的样子。

另一个好习惯是在入睡前观想。晚上，一天的紧绷得以舒展，身体放松下来，正是观想的好时候。我有位学员是商业人士，她的同事经常在研讨会上侃侃而谈。她希望自己也能如此，因为这对她的职业生涯是个助力，可是她很害怕公众演讲。于是，她花很多时间写了各种肯定语，告诉自己她是自信的、沉着的、放松的。她用了几周的时间把成功演讲者具备的特质进行拆分，并围绕这些特质练习自我肯定。每晚睡前她都观想自己在对着一大群人讲话。她用一个小时左右进入放松状态，并观想自己在观众面前演讲，每周至少有一回。6个月后，她在一个重要研讨会上发表了自己的首场演说。这次演说让她欢欣鼓舞，用她领导的话说，她的演讲"棒极了"。对于增强肯定语效果、巩固新植入潜意识里的自我形象，观想的确非常有效。

观想是个强有力的工具。运用这个工具，你会在不知不觉中靠近崭新的自己及自己期待的人生，收到令人惊喜不已的回报。

感恩清单

自我关照的下一项是简短而有力的练习：写感恩清单。

情绪低落的时刻，我们就会忽视自己拥有的一切。当你在疗愈哀伤的过程中允许自己尽可能地体验自己的真实感受时，也必须每天花点时间来看看自己已经拥有的美好事物。这不仅有助于你培养积极乐观的生活态度，也是自我关照的一种有效方式。当工作压力令你变得消极时，这项练习可以使你重新找回生活的平衡感。

治疗师最初建议我这样做时，我的处境极其糟糕。婚姻刚刚破裂，自己带着孩子，离了家，离开了宠物，自己没有工作，整日愁苦不堪。眼前的一切暗淡无光，前方的一切无比渺茫，同时还要面对被唤起的过去的痛苦，真让人窒息。我想，最落魄的人生也不过如此吧！

所以治疗师让我写生活里的积极面时，我真是什么都想不出来。于是她建议我写还有衣服穿吧。我瞥了一眼自己的衣服，一点都不好看，还不合身，写这些干吗。她坚持让我先写出来，我就写我有两条裤子，还有个挂裤子的衣橱。看起来很傻吧，可我真没啥可写的，这就是当初的真实情况。

接下来的任务是每天列感恩清单，早晚各一次。刚开始我写得非常简单，几乎每晚都是：感谢好天气，感谢热乎的饭菜，感谢让我冲了个热水澡。并非只有我能享有这些，只是很多人还意识不到而已。不久，当汽车发动时，或者百货店排队人不多时，我也开始感恩。渐渐地，我就开始寻找可以放在感恩记里的美好事物，也留心到许许多多顺利进展的事情，每一天我都是这样度过的。

几周下来，我变得更积极向上了。即便是在做疗愈哀伤功课中需要面对过去而备受煎熬时，生活也在悄然好转，而这些成绩都可以在那内容日渐丰富的感恩清单中找到眉目。人生中最黑暗的时光里，我依然能找到值得感恩的美好事物，我的整个世界因此而变得迥然不同。

细数可以感谢的美好时刻，并不会剥夺你对关系结束进行哀悼所得到的成果，反而有益于维持某种平衡。每当我在日记里奋笔疾书地写完一封给前任的信，或者又回想起自己的悲惨童年时，我就会歇会儿，做点让自己感觉好一些的事，回头再列个感恩清单。这种方法让我安然度过了无数个难熬的日子。

在悲伤和痛苦时，感恩清单能给你加油打气，因为它会让你发觉那些生命中的美好，懂得生命值得我们珍重以待。善待自己的同时，把美好的事物记录下来，这样就会看着自己感恩清单上的内容日渐丰富多彩。

与强迫性思维对峙

当你陷入对前任的强迫性思维中难以自拔时，你需要用其他东西取代这些反复出现的念头。一位受训学员说，她是强迫性的人，喜欢井井有条和按计划执行。每次当关于前任的那些疑问又不由自主地涌现时，她就会慢条斯理地列出自己的待办事项或购物清单。虽说这种方法不会适用于所有人，但这位学员转换问题关注点的方法值得借鉴。当人们又埋怨自己的焦虑或强迫性思维时，我就常常建议他们发展些新爱好或学点新东西。根据自己的需要，它们可大可小，适合自己就好。

做手工艺、培养爱好

如果你没有什么特别想做的事情，也没有一直想培养的兴趣，那就到当地的工艺品店试试看，是否会有什么好玩儿的或让你着迷的东西。有时候，失落的我们并不想尝试那些有难度的事情。涂鸦的动作能让人平静，虽然这或许听上去有点幼稚。像小时候那样拿起彩色蜡笔在本子上涂涂写写，或者用彩色铅笔肆意地画满复杂的图案，如曼陀罗这种复杂图形。许多冥想导师都认为，给曼陀罗着色可以使人的创造力自由流动，改变人的心理状态，从而产生疗愈效果。多年前我虚弱焦虑时曾描画过曼陀罗，我现在还保存着。当我用彩色铅笔把那些小小的空隙涂满时，我感到自己的手稳当了，人也镇定了。在后面的岁月中，只要我又开始强迫性地胡思乱想时，我就会用这个曼陀罗来提醒自己。

即使你不擅长做手工艺，你也可以找到一些有趣的事情，如干花插花、糖果拼盘。也许你会迷恋上一些更精致的活计，如钩针编织、木工或彩绘玻璃。不管怎样，跑到小商店里找找不同的灵感，像这样好玩儿的项目不但会让你闲不下来，还会让你保持专注，既减少了强迫性思维，又缓解了焦虑。想要更放松，就再来点舒缓的音乐、柔和的烛光吧。

如果做手工艺对你作用不大，那就换点别的。写书、学摄影、了解天文，或者做其他任何有趣的、好玩儿的事都行。参加社区活动，买些语音磁带或学一门外语。或许，你想试试计算机编程、网页设计或动画制作。这些事让你保持专注的同时耗费你大量的时间。我有位教练学员就尝试了缝纫和时装设计，这不光让她忙碌起来，还让她发掘出自己的更多潜能，最近她正打算去时装设计学院进修呢。另一位学员发展的兴趣是园林设计，还有一位是决心要研究著名建筑物和建筑师。也许你以前总想做些收藏，那你可以做一下市场调研，看看怎么让可能成为现实。

也许你想到的是很个性化的、很独特的那种。有位学员是电影爱好者，他在课上分享了自己止住强迫性思维的办法，就是观看自己最喜欢的 50 部电影。他先选好电影，为其排序，然后就开始重温这些电影了。那 50 部电影还远远没看完呢，自己的强迫性思维已经停止，不过他倒是乐在其中。

这些练习都是为了让你训练自己的大脑，让它知道主动权在你手里。反正你得找点儿有挑战性的事情，别老是一味地充当强迫性思维的受害者。记住：大自然不喜欢虚空。有东西不在了，其他东西就会来填补这个空当。一种事物被克制，你就得着手其他方面。掌控自己的生活吧，你能够决定它未来的模样。

橡皮筋技术

有个行为治疗的技术是经过证实的，那就是把橡皮筋套在手腕上，一旦你又开始想前任在干什么，就用橡皮筋用力弹自己。当你被弹到抓狂时，就不会想前任如何了。

写写吧

上述技巧你已全部试了一遍，可还是会忍不住胡思乱想，那么你或许可以写封信，不过别发出去。或许你一直有个问题想问，这个问题在你脑海里萦绕不去，那就坐下来，写在你的日记里吧。"你想我吗？""你爱过我吗？"有时候只是写下来就会让这个问题不再困扰你。你会发现这些问题根本就没有答案，即使得到一个答案，你也永远不会满足于这个答案。勇敢点，写封你一直想写的信，问你一直不解的问题。只不过，别发出去。

综合技巧

以上技巧都可以用来驯服你那游走的思绪，你可以有选择地使用。结合个人情形，看看哪些对自己奏效，怎样具体实施。一名博客读者用的是橡皮筋技术，还有把她前任名字与积极想法关联。以下是她的做法。

我一直在用思维阻断法,挺管用的,感谢这样的好方法。我会用橡皮筋弹自己的手腕,接着就把前任的名字与积极健康的想法关联。我把 GARY 变成以下内容:G(Gratitude for all I have in my life,感恩生命中的一切)、A(Act as if,淡然处之)、R(Reject the rejector and/or keep reaching out,拒绝那个放弃自己的人,寻求真爱)、Y(Yes to new experiences, yes to my own life;允许新的体验,接纳自己的人生)。于是,前任的名字就从不愉快的源头转变成了人生中的正向引导。

一位教练客户的实践是这样的。

不断地把注意力收回来,进行自我调整,这是思维阻断法对我最有启发意义的一点。只要我又开始想他了,我就会把问题写出来,对自己说"这没什么大不了的",这样,游走的思绪就被拉回来了。我试过橡皮筋技术和"喊停"技术,都挺有用的。在前任身上放一些注意力也可以,然而他过去做的一切并不像我以为的那么重要。管好自己,往前走就够了。

一切的要义就在这里:你要往前走。从某种意义上而言,你不能耽溺在过去的遭遇里,而是需要思索事情该怎样从此变得不同往昔。

设定目标

新活动可以让你的大脑忙碌起来。这种分散注意力的办法对疗愈有很大价值。不过，你终究还是需要调整自己，关注未来。

要想做自己、过好自己的一生，你就得考虑自己的目标，以及怎样达成目标。你的内心知道自己是谁，知道自己的渴望，知道什么会使自己快乐。即使梦想被你压抑了，你不再做那些事情了，它们还是潜藏在你内心的某处，你依旧期待可以梦想成真。不管是较大的愿望，如重回学校，还是有趣的念想，如弹钢琴，抑或实际点的想法，如想攒些钱，这些都会让你切实地明白，到底什么会让你快乐，真实的自己会从内心深处发出呐喊。现在你需要花点时间为自己筹谋，去实现这些目标。

长期目标与短期目标并行对你生活的方方面面而言是最有效的。当然，你无需在每个方面都设定目标，而是要充分地覆盖不同目标，以使自己的兴趣可持续发展。下面是设定目标的几个领域：

家庭关系、家庭整体；

人文主义、志愿者活动、慈善；

社会、文化、旅行、娱乐；

经济、事业、教育；

身体、饮食、锻炼；

好玩的事。

如何设定目标

看看上述清单，花点时间写写你在不同领域想要达成的事项。从中挑出 5 ~ 7 个，看看你想从哪一个着手。目标实现的关键在于切合实际，所以，把大目标分解成可操作的小目标。每个长期目标都囊括若干个短期目标。例如，你想在 10 个月攒够 1000 美元，那分解一下，每个月需要攒 100 美元，或者每周需要攒 25 美元。

攒钱的时候，你可以用一些肯定语，像"我擅长理财""我擅长理财，一个星期攒 25 美元"之类。接着，观想自己把 25 美元存进银行，感受下 10 个月后存够 1000 美元的那种满足感。无论是什么目标，都能分解成可操作的小目标，各个击破，这样长期目标也就达成了。

看看你的长期目标，确保它是切合实际的。目标不能太低，也不能太高。例如，你想攒钱，一年本来能挣 10 万美元，那你定 5 年存 200 美元的目标就轻而易举，简直不费吹灰之力。你想在 6 个月内减掉 100 磅的体重，就不太可行，既对身体不好，又挫伤自信。不要设定不可能的目标，那样只会加剧你对自己的消极看法：你做不到自己想做的事。

创建一个工作表，填上你的长期目标，以及清晰的对应策略。写出任何可能的障碍，定一个完成日期。关于实现长期目标的具体步骤，在工作表里体现得越细致越好。对每一个目标都要记录、思考、调研，然后找到最适合自己的方案。记得吗，观察、准备、培养。要按部就班。不要设定太多目标，把自己先压垮了，就什么都做不了。也别定那些高不可攀的目标，把自己先挫败了。每过一周、一个月检查下自己的进展。坚持做了，或者有成果了，就给自己打打气，弄点小小的奖励。

走出消极的自我对话与强迫性思维，制订计划与设定目标就应该被提上善待自己的日程了。随着时间的推移，每一天都抽点时间进行自我规划。

劳逸结合

疗愈的另一个重点是掌控自己的生活。生命并不是一种发生，而是一种创造。掌控生活的办法之一就是安排好休息时段，自觉开展功课。在哀伤的早期阶段，你可能觉得做时间规划困难重重，但几周后，就可以做个往前走的大体框架了。有情绪的时候，想哭就哭吧，如果感觉太糟糕，哭几个小时都行。不过，你现在需要的是歇一歇，做些让自己愉悦的事。当你已经在做有挑战性的事情时，或许你很想将它们一股脑儿地都搞完，可那样你也容易被吞没。

所以，留出一些时间，让自己歇一歇，这有助于你找到一种真实疗愈的平衡感，描绘出人生的航线。做一个掌控自己情绪与生命进程的人。如果刚哭过，那你不妨起身走走。如果社交太多，没怎么写日记了，那就留出一个晚上在家待着，好好记录下目前的状态。不要让情绪牵引你，而是要自己决定做什么。做自己生命的引领者和决策者。

自我关照：学习善待自己

"分手后，每一天都是在艰难地行进，好难受啊。当我开始做些让自己开心的事，好好和自己相处，把时间花在自己身上时，这趟旅程就变得容易多了。"

"分手后，我觉得自己就像被退货的商品。我不再打理自己，也不再注意形象。后来我参加了'分手疗愈'工作坊，那里很强调自我关照，我的生活习惯发生了很大的变化，我踏上了疗愈之路。这都始于善待自己。"

"在我成长的家庭里，关注自己就会被视为是自私或自负的。学习把自己放在第一位，是我做过的最困难却最正确的事情。"

当你未在疗愈的功课与善待自己之间找到平衡时，你就会对往前走需要做的功课失去兴趣。要完成有挑战性的工作，你需要从身心灵方面善待自己。这是每天的必修功课。我们已经讨论过"心"的层面，现在该谈谈"身"与"灵"的层面了。

善待你的身体

你心中感觉有些沉重，大脑又装了好多新观念，所以你什么也不想做，只想放松放松。那就放松一下，不过不要以伤害身体为代价。这个时候不要让自己垮掉。如果睡眠不好或胃口不好，就去看看医生。以下列举一些照顾好身体的做法。

1．好好吃饭。如果想到食物你觉得不舒服，那就试试蛋白饮料或代餐棒，也可以吃点维生素或补品。如果你是出于寻找安慰而大吃特吃，那么请停止这种行为。要避免过多摄入糖分、脂肪与能量饮料。如果你是第一次经历这样的分手，没什么经验可循，这对你可能会有点困难。这种情况下，请尽量选所在品类中最健康的类型，例如，无糖冰激凌、添加代糖的燕麦片与低脂牛奶，抑或烤土豆加鸡肉条与低脂奶酪，等等。

2．保证充足的睡眠。许多分手的人会嗜睡或失眠。失眠就去看看医生，嗜睡就适当控制每天的睡眠时间。

3．锻炼。分手后，人们常常觉得缺少锻炼的精力或毅力。躲起来，逃避现实世界当然要容易些，然而锻炼着实有益于你的身心健康。持续运动会释放内啡肽，这种激素会使人心情愉悦。锻炼不仅能带给你最好的形象，还能让你拥有最棒的感觉。

4．切勿酗酒。这会麻痹你，只能延缓痛苦罢了。像这类暂时的"万灵药"根本没有长效。

5．做个体检，遵医嘱服药。如果身体有任何不适，即便是小毛病，也务必要放在心上。

6．看牙医。这也许是你不想做的事，不过保证牙齿健康美观对整体状态良好非常重要。

外表的变化对自我感觉有很大影响。买些新衣服、换个发型，做点什么向世界表明你正在从内而外地改变自己。嘉奖自己时，记得要有一些外用的护理用品，如高档洗发露、特别的香水。审视镜子里的你，告诉自己你很漂亮，正常的人都想靠近你。让自己看上去健康、快乐而富有活力，那么很快你就会感觉自己确实如此。

"约会之夜"

自我关照流程还有一个不可或缺的部分，就是每周留一个晚上，用于和自己相处，我称之为"约会之夜"或"专属时光"。最具疗愈意义的事情之一，就是你能够尝试和自己相处。学习认识和珍视自我是其中很关键的环节。而做到这个，需要你借助独处，做些让自己感到愉悦的事情。"约会之夜"会让自我承诺得以加固，而它本身也是承诺的象征。当然，不一定非得是在夜晚，一个周末的清晨也可以，不过，在此期间，你不能被打断，这段时间是你计划好的，是用来向内心走的。

在"约会之夜"，请你关掉手机、电脑等任何联系方式。如果你有孩子，把时间定在孩子睡觉之后或周末起床之前，确保要有这个"约会"。不要以照顾别人为借口而不照顾自己。

当我的治疗师第一次提出这个建议时，我已经好多年没满足自己独处的需求了。刚开始，我有种愧疚感，但我还是挑了一个晚上，孩子一睡着，我就关了机。起初我很难适应独处，因为从离婚起，朋友们就一直被我当成救星。无论如何，我还是要渡过这一关，因为我知道，不学会独处，我就无法实现疗愈。

开始几次我感觉怪怪的，一点都不舒服。难道我的人生真就烦闷、无聊、寂寞到这个地步了吗？治疗师提醒我"与平静安然共处"，把独处看作一次重生，看作是与"我是谁、我想要什么"联结的必要时光。我不知如何应对独处的不适，就洗了个长时间的泡泡浴，给头发做了深层护理，顺手拿了本小说爬上了床。但是几周下来，我不仅盼望独处时光，还会特意为此做些准备。一开始只是花点钱买些芳香宜人的浴盐，后来就会买些昂贵的护发素、名牌睡衣，再后来就是奢华的床单、枕头、羽绒被。东西逐渐地多了起来，我也真正感受到了被宠爱的滋味，很快，我就眼巴巴地盼着"约会之夜"了，要是有什么状况让我"爽约"，我还会感到遗憾。

春夏的周末，我会在清晨长途骑行。说实话，有时候挺孤单的，不过我尽力"与平静安然共处"，每周日照常骑行。我学着独处，坐看世界在我面前以自己的方式运转。好多次哀伤来袭，我好难过，但是我都会找到出口，让身体保持良好的状态。于是，我又可以专注于骑行了。

有个朋友选择上木工课程，那是他一直想做的。他从做小木工制品起步，到最后买了些工具，把家里的一处变成了木工车间，从此一发不可收，每周日都在里面给自己捣鼓一些好东西。现在他和一位带着孩子的女士在一起，周日就得灵活安排了。但他依然懂得，不管有没有二人世界，独处都很重要。他把"专属时光"改到了周四，每周都履行着这项自我承诺。

为自己做些美好的事情，碰到挑战的时候进行自我奖励，保持这个习惯。跟随自己的感觉，劳逸结合。不管你决定要做什么活动，每周至少有一个晚上的专属时光，坚持如此。

以下是读者、来访者的一些建议：

独自购物；

买新书；

洗泡泡浴；

看部电影；

打高尔夫、台球、篮球或壁球之类激动人心的比赛；

长途骑行；

给头发做深层护理；

做按摩；

做美甲；

独自美餐一顿；

公园里坐着看书；

芳香浴过后散散步；

带上相机去拍照；

预约一次水疗 。

学习做些让自己感到愉悦的事情，其回报是巨大的，你不但会自我感觉更好，而且会吸引那些懂得将自我关照放在首位的、乐观向上的人。

治疗与支持性团体

谁也不想独自度过难挨的日子。朋友确实会提供一些帮助，但是治疗师的作用也不容忽视。好的治疗师就像你的知己、你的支撑或你的向导，是最棒的啦啦队长。那么，怎样找到一位优秀的治疗师呢？两三次的面谈可能是需要的，你要相信，总有一个治疗师适合你。

不要看到电话簿里的第一位治疗师就立刻选定。首先你要了解他们之前接受过哪方面的训练。他们是否擅长某一特定领域？例如，如果你想做深度的哀伤疗愈，以治疗恐惧症见长的行为治疗师便不是一个好的选择，因为哀伤处理不属于恐惧症的范畴，所以只是改变行为就不会有太大的效果。如果你想探索家庭动力系统，你就得找个这方面的治疗师。即便你需求的有效治疗与治疗师的方向有所差异，还是有不少治疗师会接待你。他们觉得自己知道什么对你最好，但事实并非如此。

你可以上网搜索治疗师的资料，或者打电话询问他们的主要治疗方向和主要目标客户群体。即使你不大能听懂他们的回答，也做个笔记，再研究下，看看这与自己的需求是否相符。你可以约两三个治疗师面谈，看看自己是否感觉舒服。与备选治疗师进行面谈是寻找合适治疗师的必然经过。不要害怕你会伤害他们，好的治疗师恰恰会鼓励你进行这样的比照。

除了治疗师，你可能还想要个支持型团体。有"12步失恋互助会"、支持性社群之类，不管你住哪儿，总有很多不同选择。写日记或列清单时，你可能会发觉自己或他人还有酗酒、成瘾、创伤、虐待之类的问题或精神疾病。如果这样，你需要有个支持团体，与这些和你有过类似遭遇的团体成员在一起会对你有所助益。如果前任有酗酒、性成瘾或其他影响二人关系的成瘾问题，那你可能需要向互相依赖症匿名会、情绪匿名会、戒酒匿名会或性爱成瘾者匿名会之类的组织寻求援助。

加入"12步失恋互助会"能够为你提供鼓励与支持。如果你参加了某个团体或组织，可你不喜欢它，那就换一个，更换之后如果仍旧不喜欢，那就再换。如果连续三个团体你都不喜欢，那就在日记里写一写，探究下发生了什么，看看问题是否只来自自己的内心。

社交、娱乐团体

如果你刚结束一段长期恋情，抑或总是马不停蹄地从一段感情进入下一段感情，那么你会发觉自己已经很久没有发展业余爱好了。若果真如此，分手之初你就要着手培养它们。业余爱好不仅能使你的分手过渡期更加平稳，还会成为你结识新朋友、表达自我、发掘个性中新亮点的渠道。

爱好、运动、社交团体都能帮你认识一些志趣相投的人。参加这类组织不只能让你忙碌起来，而且是重建自我过程中的重要探索，因为这关乎重新发现你是谁，发现世界上还有这么多你的同类。

刚开始你会觉得很难走出去，不知道该怎样寻找那些志同道合的团体，给自己点时间，一旦准备好了，就去找吧，找你喜欢做的事、你想打交道的人。问些能使自己走出去的问题，想想自己喜欢的事情。即使你已经做出要勇于探索的决定，你可能还是会迈不动步子，没关系，不必过于刻意。慢慢地，肯定语就会派上用场的，继续尝试就好。

如果你想立刻投身于这类团体，那很好，但不要把时间安排得太满而荒废你的功课。记着，要保持平衡。别沉溺于社交，也别太孤僻。

当你对大脑进行再训练时，你会发现一些新的兴趣点，你可以就此拓展，以此增加社交活动。教堂团体、阅读群体、垒球队、保龄球队等都可以考虑。去健身房参加健身课，在社区大学参加些非正式的课程也是不错的选择。想学高尔夫或其他运动项目，你就可以到相应场所。如果你一直想表演，那可以参加社区剧组和其他业余剧组。如果你一直想唱歌，那可以加入合唱团或别的歌唱小组。也可以到网上寻找，看看其他可以定期亲身参与的活动团体。这类社交能让你认识新的人，还能亲身参与，是很重要的。

有支持很重要，有团体很重要，建设自己的生活很重要。缺乏自我关照，缺乏对自我及自身渴望与需求的关注，你会很容易退回没有准备好的、联系前任的旧有状态，或者又开始浑浑噩噩。

把自己放在生命中的第一位，这会帮助你完成必要的功课，给未来打好基础。当你这样做了，你就在对那些健康向上的人发出信息。只有自己过得充实富足的人才会吸引他们。

珍重你的生活，生活就会珍重你。

第 6 章

父母的新任务：
帮孩子面对父母分手

父母分开时，

每个孩子的内心深处都会有种原始恐惧，

他们会给自己的遭遇加上主观色彩，

认为这些都是因为自己而起。

"我都不知道该怎样跟孩子解释这些。"

"前夫和不三不四的女人发生了不正当关系。我们已经离婚4年了，尽管我一再对他说那些女人对身体不好，但他就是不听。"

"孩子们对继父各种不满，我尝试和前妻沟通关于他对待孩子的'规章'，但是前妻一个劲儿地袒护他。"

"孩子们反对我去约会，所以每次出去约会我都不能让他们知道，当他们问起来，我就得撒谎。就这样，我总是偷偷摸摸的。"

"离婚让我深感失落与寂寞。光照顾孩子的吃喝拉撒、管理好后勤就让我觉得头大，面对他们眼中流露的痛苦，我却无能为力。我完全照顾不了他们，以至于他们一个个都出了问题。但我无力扭转，最后让前任取得了孩子的监护权。"

感情破裂本来就不好处理，涉及孩子就更加棘手。父母离异会给孩子也带来压力，有的孩子便会用叛逆来表达自己的感受。他们不愿父母分开，而他们对这一幕幕情景剧又无可奈何。原本乖巧的孩子可能会出现反常行为，而那些有问题行为的孩子则会变本加厉。有的孩子会因父母离异感到害羞或难堪；有的孩子则会浮夸得让人讨厌。无论是以哪种方式表达感受，都说明孩子会对离婚有情绪。而处理孩子的情绪对父母来说是又一项挑战，一边要疗愈自己的感情创伤，一边还需要摸索作为单身父亲、单身母亲的一套新做法。但是，就算刚开始再艰辛、再难承受，离异后拥有一个健康快乐的家庭都是可能的。

父母要分开时，每个孩子的内心深处都会有种原始恐惧，那就是"我将面临什么"？孩子会给自己的种种遭遇加上主观色彩，他们不明白父母分开并不是自己的原因。即使是被充满爱意的、懂得付出的父母无条件地关心与呵护着，孩子仍然觉得父母离异的家庭是不完整的。作为父母，重要的是把孩子的健康成长放在心上，同时又能坚定地给予其引导。孩子们需要你坚强，需要依靠你良好的判断力为其之后要面对的世界护航，那个"我父母离婚了"的世界，那个让人战战兢兢、步履维艰的世界。依照下面几项法则，你的孩子就会感到安全和关爱。

对孩子坦陈你们的分离

找孩子谈谈心。让孩子坐下来，温柔地告诉他们，发生的事情与他们无关，无论如何，爸爸妈妈都会一如既往地爱他们。如果他们问到底怎么了，不必说得太详细，可以给个笼统的回答。例如，"妈妈和爸爸在一起不能好好地过日子。我们每个人都应该拥有平静的家庭生活。"如果孩子们都长大了，就可以借此机会谈谈正确做出人生选择的重要性。让孩子牢记（同样使用模糊的语言），当事态无法再健康发展时，就必须做出改变。也可试着给出一些让孩子坚守的准则，为他们自己以后的情感关系做准备。

孩子可能需要一些时间才能明白你的意思，不要指望孩子一定会有回应。如果他们需要交谈，让他们知道你很乐意；如果他们想找别人说话，你也可以找咨询师陪他们聊聊。还有一种可能就是孩子会给出某些回应。反正要做好心理准备。他们还可能有很多你无法回答的问题，例如，"你们俩怎么就不能继续过了呢？"那就让孩子知道，你们已经做过尝试，但像这类事情，有时候并不是谁的错。如果孩子对此反应激烈，那就允许孩子表达这些情绪，但别感情用事。保证孩子的安全，避免暴力或自残行为。如果你无力应对，请寻求专业人士的帮助。

不要指望孩子能给你祝福或给你什么保证，也不要指望孩子能理解这一切。这样的谈话不在于缓和你的内疚感，而是让孩子们知道自己有想法、有情绪是正常的。即使他们的想法与情绪是负面的、痛苦的，你也很乐意与孩子分担和探讨。

在谈到"要离婚"的话题时，你要强调自己有多爱他们，即使在之后几天或几周内，你看起来会心烦意乱，你也一直在他们身边。

示范健康行为

留意你在孩子身边时的言行。孩子知道的比你透露的更多，而且比你以为的更明白。当父母相处不融洽时，孩子对身边的变化是很敏感的。即使你们没有共处一室，或者你觉得孩子没有在听，你也要留心自己说的话。不要企图通过旁敲侧击向孩子告另一方的状。即使有意想掩饰，他们可能也知道一二。孩子一直在默默地观察，所有事情都看在眼里。所以请你以身作则，展现出健康的行为模式。向孩子示范什么是自尊、自律，什么是健康的沟通、良好的界限和正确的价值观。

有人搬离之后，摆在面前的是一个"新"家庭。既然是新家庭，你便拥有了让其发生健康转变的契机。让孩子们投入"新的"家庭规则与秩序中有助于加强家庭的联结。保持家庭的井然有序，确保孩子们的世界仍是安全的、有条理的。太多单身父母都毛毛躁躁，掉进一个误区，要么大呼小叫，要么把家弄得支离破碎。其实，你们可以坐下来谈谈，聊聊新的家庭，聊聊彼此该如何面对，聊聊每个人可以做什么努力。讨论像出游、聚餐和家务之类的事怎样更妥善地处理。通过帮助你买东西、制定食谱的方式，确保所有孩子都参与进来。以一家人的身份，想些可以共同参与的趣事，当作彼此为新家庭的高效运作付出努力的犒赏。

记得要强化孩子的积极行为，而不能只有惩罚。当孩子在帮忙或模仿良好行为时，请留意并说"谢谢你"。当你注意到孩子的行为有所改善，即便只是很小的改进，也请给予鼓励。我的二儿子吃饭总是用手抓，我不断地对他说，不要这样了。当我注意到他用叉子了，我就会因此感谢他。留心这些细节需要你有所付出，尤其在你自己都经受着痛苦的时候。但重要的是认识到孩子们这些微小的进步，并记着对他们"应该"做的事情表示认可。让自己习惯发现孩子主动做出的努力，讲些鼓励的话，例如，"我就知道你可以！""你做得很好！""真是个好帮手，谢谢你！"只要你通过表达真诚的欣赏来肯定孩子真正的努力，他们就会有所回应，当然也可以郑重其事地表扬。要常常感谢他们，谢谢他们正在为新家庭发挥作用而承担责任。

前任还是孩子的家长

感情破裂时，许多父母都会有意无意地让孩子夹在中间。有位女士是家中的独生女，如今已长大成人，她对我说："爸妈离婚后对彼此怀恨在心，我妈妈会对我说我爸爸的坏话，我爸爸也向我数落我妈妈的各种不是。五岁的时候我就得承受这些，好多年都这样。"她认为，从那以后，不管是与父母关系的问题，还是与恋人关系的问题，所有的人际关系困难都与父母在离婚后恶语相向有关。

处理离婚后的关系，要像处理业务关系那样。对待前任，就像对待你的商业伙伴那样，不要把私人恩怨牵扯进来。在孩子面前，公正地对待前任，不要对其恶意攻击，抑或把孩子当作出气筒，以此报复对方。如果探视权的问题没有解决，等孩子不在的时候再讨论。如果前任真的让人受不了，可以尽可能地寻找某些中间地带，以使你们在探视来往问题上达成一致。如果需要法院干预，就提出来，而不要试图自己强力执行探视权或抚养令。

不要跟前任耍手段。是的，你可能非常生气，也许此时最让你痛快的，就是对前任那些该死的所作所为施加报复。但请别这样，这样做会伤害孩子。停下所有任性妄为。如果你们之间还有问题没解决，请把事情交给治疗师，你不要与前任针锋相对，特别是在孩子们面前。别故意当着孩子们的面或对孩子们说前任的不是，指望以此报复前任。这是在操控，并不是一种健康的方式。

谨慎地对待每一次的争吵很重要。不要每星期都为一些鸡毛蒜皮的事情而争吵，你们要学会放下一些东西。另外，如果前任不理解你的用意，那就需要你在某些时候中断这次谈话了。清楚地表明，你不想为那些无关紧要的小事争吵。

同时，如果真有什么重要话题，应该由父母双方来讨论。我指的并不是继父母或哪一方的新男友、新女友，而是作为孩子亲生父母的你们。不要让你现在的伴侣、前任现在的伴侣卷入。孩子是你们的孩子，你们两个需要学着在没有其他人干涉的情况下讨论事情。如果出现问题时不方便沟通，就找另外的时间。要明智地选择讨论的方式，但别漏了要点。

不要让前任在你家里进进出出，把孩子弄得云里雾里、无所适从。作为合作父母的你们，维持良好的关系是对的，但是，不要以祝福彼此的名义而放弃该有的隐私与分居。你需要让孩子们知道，分居意味着要建立健康、快乐与完整的关系，意味着重新开始拥有恰当、清晰的界限与独立的生活。

等待介绍新伴侣的时机

每个孩子都很难接受自己的父母与他人重建亲密关系。孩子需要时间来适应父母的分离，所以，马上强迫他们再适应一个外人是很不明智的。

关于把新的正式关系介绍给孩子，人们常常问我有没有一个大致的时间表。这个很难讲，但通常我的建议是，年幼的小孩至少要等离婚一年后，年龄大点的也得等六个月到一年。你可能觉得这似乎也太长了，但对孩子来说不是。孩子需要时间来消化父母的分离，然后还需要一段时间接受你，之后才能习惯你们的生活里有了父母之外的另一个人。根据具体情况与孩子的个体差异，这个时间可能会有所延长。你不能强迫你的孩子接受别人，如果你多点耐心，事情就会更容易些。

感情刚破裂时，重要的是要花一些时间独处，疗愈哀伤，重整自己的生活。马上约会是不可取的。不过，有些人觉得自己的哀伤功课已经完成了，而实际上他们一直是在一段垂死的关系里挣扎，一旦正式分手或离婚，他们就急于开始新的约会。一位女士对我说："我被这段没有爱情的婚姻折磨得太久了，我已经对新约会迫不及待了。"虽然对她而言如此，可她的孩子并没有意识到她一直是在没有爱情的婚姻里，所以离婚后她马上约会就会遇到麻烦。约会可以放缓些，重新开始约会时，没有必要与孩子分享。

让孩子能够更平稳地进入一段新的关系要慢慢来的另一个原因是，如果这段关系发展成正式交往，这样做有助于之后组建新家庭。在孩子有时间处理父母分离的伤痛之前，如果你强迫他们接受新的家庭成员，那么等待你的只有挫败。过于急迫地让孩子适应你的新伴侣，他们会对其心生憎恨，这种憎恨可能形成难以克服的障碍。有些孩子就是会对父／母的新伴侣有抗拒感，不论父／母怎么做。在这种情况下，你就需要放慢步伐，做好自己分内的事，以确保他们最后慢慢地接受你的新伴侣走进他们的生活。

当你有了新伴侣，让对方知道你会首先为孩子考虑。和新伴侣在一起时，你可以鼓励孩子发表自己的意见。让孩子知道自己的意见是重要的，自己对此有发言权。但是，最后你到底和谁在一起，该怎样经营家庭却是你的选择、你的事情。在这两者之间找到平衡是比较困难的，但你得争取做到这一点。

在我的一次培训课上，一位女士提到自己 10 岁的女儿不允许她再婚。她觉得这事很搞笑。如果出现这种情况，那我们需要告诉孩子的是，虽然我们最关心的是她，她的意见是重要的，但父母要不要再婚并不是由她来决定的事。

另一位女士虽然离婚很久了，但她每次带新的男士回家，孩子就会冒出些很粗鲁的话。而当她不再把新的恋人往家里带的时候，孩子又对她说不喜欢她去约会。于是，现在她就不约会了。其实，放弃约会只能强化孩子的不当行为，她要做的是设定恰当的关系界限，让孩子清楚，家长值得拥有美好的生活，拥有约会的权利。记得，你要以身作则。你不能为孩子所累，不能放任他们控制你的美好人生。这不是好的榜样，想必你并不希望孩子长大成人之后也以这种方式生活吧。

重要的是要告诉你的孩子，父母分开也有积极的方面，虽然这是个艰难的抉择，但分开总比在一段恶劣关系中硬撑着要强，所以，保证你的下一段感情能成为健康关系的典范。让孩子知道，你是不会允许一个不懂得尊重你和他们的人走进你的生活的。父母的分开也可以被当作是某种正向的、肯定生活的选择，选择接下来和谁在一起，正是在对自己的人生负责。

当前任有了新伴侣

你可以对前任呼喊各种"应该"与准则，可这不意味着前任就会听你的。如果前任并不觉得把新男友或新女友带到孩子身边是件坏事，你可能就得在分离之初就向法院提出申请，要求无关的男人、女人不准靠近你的孩子。这项指令在你们敲定离婚之后才会被受理，但等到那时，你能做的就很有限了。

即使前任对新伴侣的选择有失妥当，你也尽量别过度参与。给予孩子引导，让他们感觉可以向你倾诉，千万不要因为孩子厌恶前任身边的这个新人你就跑过去吼叫着下最后通牒。你需要对前任采取不干涉的方式。当然大多数情况下，大家还是比较理智的。记着，你要以身作则。

如果前任的新伴侣不能给孩子树立好的榜样，这确实让人头疼。但是，如果和前任在一起的那个人非常好，与你的孩子相处得也很好，那可能会让你更难受。一位女士的经历便是如此。

　　没有想到，我前夫的那个新女友很会做饭，还和我的孩子一块儿做了意大利千层面，我听他们度过了那么愉快的时光，太不爽了。知道他们一起参与我们离婚前会做的家庭活动，一起去我们去过的地方度假，我好难过。当我还在寻觅一个合适的人时，前夫却在离婚之前几周就有了长期交往的对象。我压根儿不想挽回前任，可是，我好嫉妒那个女人现在拥有的家庭时光，那本该是属于我的。

　　另一位男士说："没想到，前妻那个新男朋友会教我的孩子做运动，和他们玩得很好。他还是某个运动队的教练！他很优秀，可我真受不了他的优秀。"毋庸置疑，你这边还在挑挑拣拣，却眼看着前任和新欢即将组成家庭，你会感到难受，但是，这并不是什么耻辱，所以别总往心里去。重要的是好好地做自己的哀伤与疗愈功课，因为这正是在营造你自己的新生活。感谢那个关心你孩子的人吧，要知道，除非你允许，你对孩子的意义谁也无法取代。如果你是无监护权的一方，也要留在孩子身边，融入他们的生活。不要觉得他们已经有人管了，无论那个新人有多好，孩子一直都需要你。花时间与你的孩子在一起吧，让孩子知道你很在乎他们。

　　即使再完美的再婚家庭，也会有问题发生，可能是与前任，也可能是与前任的新欢。如果孩子向你说起现在的苦恼，尽量就事论事，不要马上跑去找前任。因为孩子或新欢的事情跑去和前任争吵，可能会白忙活一场。还是先与孩子好好沟通和处理吧，看看能否一起找到解决方案。

　　如果孩子和无监护权的一方或其新欢相处起来有问题，你可以提些建议，提出不同的处理方法。在不损害孩子安全和健康的前提下，鼓励孩子先忍耐，碰面时也尽可能地保持尊敬。教导孩子和一个明显做得不对的人讲礼貌或好好交流确实有难度，但是，你要让孩子明白，无论别人做什么，重要的是管好自己。不管是哪种情况，都可以将这个当作现成的一堂课，当作教育孩子的绝佳机会。

你的职责是保护孩子，有时，保护孩子的最好方法就是教他们保护自己。这对于年龄稍大的儿童和青少年尤其重要，因为不管出什么岔子，大人都很容易责怪孩子。一旦孩子变得恼怒或难相处，大人就会说这孩子有问题，可事实往往并非如此。教孩子懂得尊重，懂得良性沟通，使自己避免成为替罪羊，或者被冤枉成惹祸的人。让他们学着使用"我"的表达，如"我感到……""我以为……"，同时使自己的感受、想法具体化。例如，孩子对爸爸讲："你对凯蒂跟她的孩子的关注老是比对我的多。"小一点的孩子就可以学着这样说："我去找你的时候，都感觉不到你的关注，我好难过。"如果大人开始自我辩解或不屑一顾（说些"我怎么没关注你"之类的话），年龄大点儿的小孩或青少年就可以学着说："爸爸，凯蒂的孩子和你住一块儿，天天能看见你，我就不能，我好难过。去找你的时候，我就是想多和你待在一起。"也可以教他们提出要求，具体地要求他们想要的："我想去看电影，就只有你和我（你、我，还有兄弟姐妹们），好吗？"

还有，让孩子了解，就算他们沟通得再清晰，有时对方都不会给予回应，或者会给予消极反应。让孩子记着，重要的是他们已经为重要关系的良好发展尽力了。沟通的时候，家长愿意听，当然是好事，可有时候大人是听不进去的。告诉孩子，这种情况并不是他们的错。如果这时你想干预，可以找前任谈谈，可如果孩子的沟通根本没用，估计你也谈不拢。记住，明智地选择沟通方式。

和孩子彼此支持

如果你是无监护权的一方，也要给予孩子支持，千万不要嫌付出多了。一点儿也不。事实是，很少有无监护权的父母付出过多的情形，你承担的抚养孩子的付出往往不超过 50%。如果前任通过隐瞒收入、抬高支出等方式跟你捣鬼，你可以寻求法律的帮助。不要试图凭一己之力去解决这类问题，也不要把孩子牵扯进来。

同样，如果你是有监护权的一方，维护好自己应有的权益。要求对方支付抚养费，不给对方摆脱责任的机会。这不是你的钱，是孩子的钱，要争取过来。同时，也别狮子大开口，本分地尽到各自的责任就好。

如果双方都能意识到，彼此坦诚和合理分担抚养费对孩子是最好的，那么在抚养费问题上双方就会少些敌意了。如果一方总认为另一方占了便宜，这种憎恨感可能会蔓延到亲子关系中，结果只能两败俱伤。无论你是否拥有监护权，请不要在抚养费问题上搞事情。如果对方非要搞事情，凡事都白纸黑字写得清清楚楚。之后找律师进行商讨，如果可能，也可找家庭法律调解员。他们会提供最好的建议。

继续当好家长

我每周都会收到单身父母的一些来信，抱怨他们的孩子难以管束，或者有各种不敬、撒谎的表现。其实孩子需要你成为一家之长，他们也希望你能做好家长。

如果孩子有不良行为，请反思自己的处世方式，自己充当的是什么榜样。留意你对孩子讲话时的样子，以及你正给他们设定的种种关系界限。你的行动、期望够清晰吗？你有没有出尔反尔呢？你传达的信息会不会自相矛盾？你有没有认为另一方过于严厉而放宽对孩子的要求呢？上述任意一个问题，如果你的回答是肯定的，你就需要重新审视、修正自己带孩子的方式。

父母离异后，孩子可能会举止不端，或者比较频繁地制造事端。有愧疚感的父母会对管教有所抗拒，似乎如果对孩子更严厉些就有违一个充满爱意的父亲或母亲的本性。其实孩子的确更需要管教，他们需要知道你是负责任的、有能力的。

孩子需要指导与约束，尤其在他们还在受离婚影响的那段时期。孩子不会与你说这个，因为他们很难意识到，不过，指导与约束确实会带给他们安全感。通过约束孩子，你让他们对周围的各方面都有所了解，也让他们知道情况在你掌握之中，你随时会提供保护。如果你让孩子觉得他们可以凌驾于你，那他们怎么能相信你可以阻止更强大、更凶猛的人伤害到他们呢？他们需要知道你能行，能带他们闯过一切难关。

所以，向孩子展现出你是强大的，你能够维护他们的小世界。一定的条条框框是有必要的，而且不要容许这些规定被践踏。有时候最善意的提醒莫过于说"不"。日子不好过的时候，家长会出于愧疚感而讨好孩子，或者觉得孩子太脆弱、太敏感了，难以坚定地把"不"说出口。但是，不准就是不准，不要模棱两可，不要含含糊糊。记住，你需要向孩子展现，你有能力保护他们不受外界恶意的伤害。如果你很容易让步，你就没办法让他们安心。你是家长，就要有个家长的样子。

设定目标、限制与期望，并依此行事。分配好家务与责任，让孩子清楚，东西是谁的，归谁管。界限不清的孩子不懂得做选择，不懂得考虑他人的感受、想法和个人空间。无论你的孩子多难过、多恼火，你都要坚持要求他们学会尊重，这也是对他们的教育，即便日子不好过，也不能肆意妄为。同时，要让孩子明白，自己的所有情绪都是合理的。哪怕有负面情绪也没什么，但迁怒他人或举止失当就不对了。

逻辑后果与自然后果

孩子们需要知道自己的行为后果。应该承担的后果可分为自然后果和逻辑后果。自然后果是不良行为的自然结果。例如，如果孩子不吃东西，就会饿；如果孩子没有按时醒来，就得步行去学校；如果孩子拒绝戴帽子，就会着凉；如果孩子让玩具淋了雨，玩具就会生锈。这些都是因为做什么或没做什么而产生的自然后果。

请让孩子承受其自身行为的自然后果。不要干涉，不要娇纵，也不要想着做点什么去避免这类后果。例如，孩子没赶上公交，你非得开车送；女儿不吃你做好的饭菜，你非要为她去弄点别的。也别针对孩子应该如何而喋喋不休。顺其自然就好了。如果她的教科书落在家里了，其自然后果就是，老师会不高兴，或者孩子的成绩受影响。让自然后果去教育孩子应该有责任心，父母急急忙忙把书送学校，并不是好的处理方式。接受教训会对他们成年后的生活产生影响。如果孩子现在吸取了教训，他们就会成长得更健康，觉得自己更有能力，以后自然也会选择那些更健康、更有能力的伴侣。

逻辑后果则是针对不良行为在逻辑、情理上给出的结果，并不是自然发生的。换句话说，你得在孩子需要改正的行为上面施加某些结果。如果孩子不吃饭，家长可以不让他 / 她吃甜点。如果孩子在屋子里乱丢东西，弄得到处都是，家长可以说："你不把屋里收拾好，我就把这些都收起来，这几天就别想玩儿了。"还可以说："玩具不收好，不准看电视。"这样，孩子就可以选择，像这样的后果，自己打算承受多久。

给出一些选项也是不错的方法，这有助于孩子集中注意力。例如，如果孩子在屋里摔跤，你可以说："你们要么在屋里玩玩具，要么到外面摔跤，你们选哪个？"这比冲他们尖叫着"不准在这儿摔跤"管用得多。

自然后果与逻辑后果对于修正孩子的不良行为很有效，一种是需要你来提供，另一种则是需要你允许。两种后果都需要持续贯彻。

界限与"三次"原则

一位学员因为四岁的儿子伊桑来找我。

一个下雨天，伊桑对妈妈说："我要出去。"妈妈说："不行，今天下雨，你不能出去。"伊桑说："我要出去。"妈妈说："下雨了，我们今天不会出去的。"这时伊桑扑在地上，尖叫着说他想出去。于是妈妈只好穿上雨具，带着他出去了。

伊桑用不良行为赢了妈妈，于是他的负面行为得到强化。伊桑现在知道只要自己发脾气就能得到自己想要的。他的母亲显然需要明晰关系的界限，但是她对我说："哦，看到他这样我实在受不了。"你必须做到能"眼睁睁地"看着他这样，他已经四岁了，家长需要让他知道，负面行为是换不来想要的结果的。

我向她解释，就让他发脾气，等他闹够了。要么让他待在原地，要么不吱声，也不生气，把他放在床上，直到他不闹了。如果他从床上起来还要耍性子，就再把他放回床上，让他闹。

如果自己不打算这样来来回回地折腾，那就让他在原地闹。当他觉得自己无法得逞时，就不会闹了。

这位妈妈在商店里碰到了同样的问题，伊桑非要买新玩具。这孩子把货架上的玩具一个接一个地拿在手里。妈妈抓住他的手，把玩具放了回去。他就不开心了，瘫在地板上耍赖。妈妈只能屈服，给他买了个玩具。于是四岁的伊桑又赢了。

我跟她讲，你可以先把伊桑拉起来，走出商店，不必管购物车和里面的东西。直接上车，对孩子说："等你闹够了，我们再回去。"要是伊桑不撒泼了，就带他回商店。他要再闹，就带他出去到车上。到第三回他依旧如此，就直接回家。关键的一点是，如此三回就必须结束这趟出行，带他回家。

如果你想知道，同样在商店里，为什么有的孩子很乖，有的却不好管，原因就在这里。孩子出现恶劣行为时，家长别发火儿，也别放任他们，更别试图通过带他们吃好吃的或多给些钱加以安抚。让孩子明白你是当家人，明白你的界限是什么。规矩就是：我带你逛商店，你要遵守约定。

觉得这种"训导"太花时间了？确实是，不过它很有效。而且你也不需要一直这样。一旦孩子了解，你说一是一，说二是二，他们就不会胡闹了。像这位妈妈最后可以对伊桑说："你再碰玩具，或者非要买什么，我们就上车，直接回家。"伊桑会了解妈妈言出必行，因为她一向如此。当你设定的界限清晰且持续，人们就会明白这些规则。孩子学习新东西更快，也会更快知晓这些规则。你眼下可能需要多花些精力，后面要花费的就少了。现在辛苦点，以后你的日子会好过得多，而且会一直持续下去。在孩子长大成人的过程中，你必须让他们明白，你说话算数，说一不二。如果能在孩子四岁的时候就开始如此，那么等他们十几岁时你们依旧能和谐相处。

在设置界限时，持续性是非常重要的。我的另一个来访者带着三个孩子去餐馆，孩子的年龄分别是 7 岁、9 岁与 11 岁。他们点了菜，服务员端来了饮料，但孩子们却无法安静下来。妈妈喊停，孩子们安静片刻后便故态萌发。他们这样不规矩，其他人都无法安心吃饭了。妈妈就说，最后警告，如果还不停，就回家。孩子们仍不肯罢休。

妈妈付账，然后立刻离开。孩子们不想走，就说自己会乖乖的。可是妈妈不答应，已经给过三次机会了，三次他们都没有依言而行。最小的那个就哭起来，最后干脆坐在地上不走了。整个餐馆的人都在看他们。这位妈妈想起我之前说的话，于是过去抓住他的手腕，也不生气，直接拎他出去。孩子挥舞着手臂，又想往地上扑，妈妈神情严肃却默不作声地把他拉起来，带着他们上车回家。路上她提醒孩子们，如果在公众场合无法举止得当，以后就不带他们出来了。下回再到餐馆吃饭，孩子们又开始捣乱，不过，她一提醒，孩子们就停止行为，安分下来了。这次，他们相信妈妈言出必行。

很难吗？是的，一个人要带着三个孩子离开餐馆确实难。

可是，若孩子在今后每次出来吃饭都捣乱，这恐怕更难吧。直接带他们走，这样做几次以后，你就不用这么费心了。有些家长也许要多试几次，但孩子终究会明白规则的，以后到餐馆来也会变乖。好的行为习惯一旦养成，就会持续很久，家长需要做的不过是带他们离开餐馆几次。事情开头难，但这么做之后你会一直受益。

3 次警告很重要。当你在警告第 2 次时，可以说："如果再让我提醒一次，我们就回家。"孩子们是会有反应的，他们也想知道你的底线在哪里。如果出现 3 次不良行为，就得马上行动。

孩子喜欢高品质的时光

花时间与孩子们相处，享受与每个孩子单独相处的时光，也享受与多个孩子共同相处的时光，尤其是当你刚把自己的新伴侣带进他们的生活时。如果与你正式交往的人也有孩子，不要强迫你的孩子喜欢他们。即使你们俩的孩子彼此喜欢，你也要花时间与你的孩子单独在一起。看看每个孩子最喜欢做什么，抽出一天或一个晚上单独陪伴。确保孩子感觉自己是特别的，不要捎带着兄弟姐妹。花时间与每个孩子单独相处，这对他们是种慰藉，也是在为生活建立特别的情感联结。不需要什么奢侈的安排，也许只是去看电影，出去吃饭或租场电影。重要的是，要让孩子知道你关心他们，在乎他们的喜好，你一直在他们身边。鼓励孩子，确保你正在提升他们的自信，做他们最棒的啦啦队队长。请说"我爱你们"，多拥抱孩子们。你可能会认为孩子知道你的爱，但在这样一个震荡的过渡期，他们需要听到你说这些话，需要你反复地、长时间地表达爱意。

育儿不易：借力使力

当你需要帮助时，就去求助。倘若你需要上亲子课程，也不必不好意思。如果你需要找治疗师学习如何做父母或如何解决你面临的问题，别犹豫。你也可以买些育儿书籍，逛逛育儿网站。这对整个家庭而言都是新涉及的领域，不知怎么做是很正常的。你愿意花时间多学习恰当的方法，孩子就会成长得更好。

最重要的是记住，你的孩子不是主动要求出生的，是你让他们来到了这个世界。你应该负起责任，即便这段日子很难熬，你也需要对孩子正在承受的一切具备同理心。这样做，你们整个家庭都会渡过这个难关的，甚至还会越挫越勇。

第 7 章

发现关系模式：
亲密关系梳理与生命盘点

> 相似的情境总会在各类关系中上演，
>
> 这些便是个人的模式。

　　这一章里有很重要的功课，它不仅让你理解上一段感情，也让你明白自己人生中反复出现的模式。亲密关系梳理对你翻过这一页、完成内在未完成的课题，以及为下一段感情做准备，都是必不可少的。

　　虽说你需要做的都已写入本章，但请勿奢望在进入下一章之前就能全部做到，事实上，这也并不可取。本章所述的工作需要数月之久，慢慢来，找找你的治疗师、后援团队，或者把梳理的东西写在晚间日记里。必要的时候回过头翻翻这一章，不过别卡在这里。记着要在这项必要工作与充分的自我关照之间取得平衡。

亲密关系梳理

　　直到我做了"亲密关系梳理"，我才真正明白我的感情到底是什么样的。脑海中浮现的一切是那般美好，我曾经拥有过，却极力将之驱赶。一旦"亲密关系梳理"让我厘清这些，继续前行就变得容易多了。

　　"亲密关系梳理"让我有种着陆的感觉。我不再恋恋不舍地回想着旧日的"美好时光"，而是看得到它真实的样子。

我们已经分手几个月了。但我跳不出来，觉得自己永远就卡在那儿了。我觉得那个"亲密关系梳理"倒可以试试，虽然当时也没抱太大期望。我通读了一遍，飞速写下了 10 件积极的事与 10 件消极的事。突然之间，我感到震惊，这种感觉是如此强烈。原来分手后的那几个月里，我从未正视过这段感情。我只是一直闷闷不乐，选择性地记住了某些东西。是"亲密关系梳理"帮我走上了疗愈之路。

我开始了"亲密关系梳理"，真的有用！我觉得更轻松了！

"亲密关系梳理"中的危险信号那部分真的帮助了我。我都不敢相信，居然有这么多危险信号。由于我能辨识出这些信号，再约会时就可以切断与其中几个人的联络了。我总算掌控了自己的生活。

对我而言，"亲密关系梳理"是种可以改变生活、打开视野的体验。我开始盘点每一段失败的感情，这让我意识到自己有一定的模式。我也意识到自己内心有太多残留的哀伤和愤怒。我就是把"一切都好"常挂在嘴边的那类人，但内心根本不是这样。

我发现写信练习非常管用。我写信给每个曾经约会过的男生，还有虐待过我的病态的家人。我把这些信大声地读出来，然后把它们烧毁，哭过之后感觉好多了。

　　如果你不知道地雷在哪里，你就无法避开它们。"亲密关系梳理"练习帮助我排查了地雷。这样，当我往前走时，我才有避开它们的可能。

　　通常，哀伤时，人们看待过去的感情会带有倾向性，无法准确地反映现实。我们会记住某些部分，忘却其他部分，这被称为"分裂"。我们把过去分为好的部分和坏的部分，且此时我们会只重温我们想要的那部分。分裂会让我们迷失在情绪和幻想中并为其所控制。极端的看法使我们变得偏激，耽溺于愤怒或悲伤里。要真正向前迈进，我们必须对感情做出考量，看到它的真实面貌。

　　虽然分手后人人都会有些偏激，但如果你看不到感情的真实面貌，就无法让哀伤进程真正运行。亲密关系梳理的目的就是让你走出自己的情绪与幻想，看到客观与现实。这并不是说你在梳理时不会产生情绪，你当然会产生情绪，只是，这项练习会让你不受情绪的控制与干扰。亲密关系梳理将帮助你重新拿回对自己想法和感受的掌控权，而不是让它们控制你。

　　亲密关系梳理还会让你进一步从情感与认知两个方面抑制这种分裂。退后一步审视自己的感情，那种分裂就会停止，这将有助于情感愈合。同时你也将从认知的、理性的层面了解感情中的真相。

你可以把这些步骤打乱顺序，甚至每个步骤每天都做一点点也行。不过，我发现一次集中在一个步骤上，同时保持对其他步骤的关注会更轻松些。这样，当你正写着日记，或者正和朋友聊天，或者在接受治疗时，如果突然有灵感闪现，你就可以把它们写下来。如果觉得继续梳理让你难以承受了，就停下来，休息休息，做做自我关照的练习。

至于亲密关系梳理要怎样书写则取决于你，但尽量保持不急不躁。你希望自己尽可能全面地梳理，但不要勉强。一次梳理最少要用一周，甚至需要几周。一定要完成亲密关系梳理，但过程中要对自己温柔点。

把梳理的内容写下来

1．列出感情里所有积极的方面。注意，不是写关于前任的积极方面（稍后会写），而是特指亲密关系里的积极面。例如，你喜欢有一个男/女朋友，你喜欢去对方父母家里共进周末晚餐，你喜欢前任的朋友，你喜欢前任经常带你去那些你没去过的地方，等等。

2．列出前任具有的所有正面特质，写下所有你喜欢的、在乎的特质。

3．写下前任为你做的五件特别的事情，或者你们交往中的5次特殊时光。

4．列出你的朋友和家人喜欢前任的哪些方面，你也同样喜欢这些方面吗？

5．列出你喜欢，但你的朋友和家人不喜欢的前任的那些方面。有哪类事情让你们与朋友、家人产生了争执？你觉得前任被误解了吗？或者你怀疑你的家人和朋友其实是对的？你曾为他们不喜欢的前任的那些行为辩解或找借口吗？

6．列出感情里所有消极的方面。再次注意，不是写关于前任的消极方面，而是特指亲密关系里的消极面。例如，你不能按照自己的意愿出去见朋友，你必须让前任知道你在家里，等等。

7．列出前任具有的所有负面特质。集中写你不喜欢、想改变的那些特质。

8．列出前任身上那些正面特质，它们在你眼里随着时间的流逝已变成负面特质。例如，也许你对这个人的最初印象是，这个人酷爱整洁、干净，但后来对方因嫌弃你不整洁而离开了你；也许你最初觉得这个人很会持家，可后来你意识到，实际上对方是在不合理地节俭；也许最初你认为这个人自信又有主见，但最终你才看清对方是控制欲强、不知变通。想想最初吸引你的那些点，最后却让你心生厌恶或感觉迥异。

9．回到交往的一开始，列出所有的早期警报。你们在相处的早期就起过争执吗？是不是对方的某些表现让你觉得你们不会有好结果的？或者有没有什么事情提示这个人可能会深深地伤害你？有哪些警报响亮、清晰地闪现过？你对它们做了什么？你没对它们做什么？你是如何将其合理化的，还是你完全忽视了它们？那时你本来能做什么？为什么没做呢？你在心里做了什么妥协或让步呢？你为那些妥协或让步付出了什么代价呢？

10．写下交往中五件最让你受伤的事。对方当时做了什么？说了什么？对方道歉了吗，或者是否保证不会有下次了？有下次吗？对方是否给出道歉与承诺却并未遵守？

11．写下你觉得自己做错的事（不是前任认为你做错了，而是你觉得自己真的做错了），包括你做过什么、没做什么。写下你能想到的一切——冷落了对方，控制欲强，情绪失控，挑起事端或小题大做。

12．写下任何由于你自身议题或行为而导致的重要事件与问题。是因为你做了什么才让你们大吵一架的吗？写下任何你后悔的事。

13．写下任何你想说的重要的话。还有什么话没说吗？如果你与前任共处一室，你们有 5 分钟时间，这 5 分钟里，对方不会给予回应，那你会说些什么呢？这里是说，在上述 1 ~ 12 点之外，你可以讲任何需要讲的话。

用一两个星期写下你的答案，然后休息两到三天。休息期间，不要看梳理的内容，也不要做什么功课。休息是非常重要的，这几天就是让你放松的，好好玩，要知道，这是你做完功课后应得的。请确信，你做得很好，你值得拥有生命中美好的东西（玩乐和放松），因为你真的值得！

休息过后，留些时间，好好面对你梳理的内容。从头到尾，缓慢地浏览这些清单，边看边标注。哪些真的重要，哪些不重要。在重要的事情旁边随手打上星标，把不重要的事情划掉。如果有什么重要的事情之前忘了写，就添上。花一天左右的时间识别最重要的几项，在清单上做标注。这些应包括但不限于以下内容：

失去了交往时那些积极的方面，你有什么感觉；

失去了交往时那些消极的方面，你又有什么感觉；

所有让你感到愤怒和受伤的事情；

所有让你想念前任及你们之间感情的事情；

所有你想说"谢谢你"的事情；

所有你想说"对不起"的事情；

任何你想说的重要的话。

一旦你确定了清单上最重要的项目，你将用这些信息来给前任写一封信（不会发出去的信）。在你写之前，还有一件得考虑。也就是信里必须涵盖的最后一条，也是大多数人觉得会犯难的地方：**所有你可以原谅前任的事情。**

当我们在培训中做这个练习时，学员总会感觉有阻力。当我说"原谅"这个词时，大家开始发牢骚。许多人分享了自己所承受的深深的伤害，原谅似乎无从谈起。一位女士说："过了很久，我才知道自己的确是在'原谅'这个词上卡住了，好像原谅就是关于另一个人的，而我无法摆脱这种想法。"但其实，原谅是关乎自己往前走的。这不是你要为别人做什么，而是你在为自己做什么。

当写下"我原谅你"，请告诉你自己："我原谅你，意味着我需要开始放手，不再在那些你对我做的事情上花费精力。"原谅不是关于另一个人的，并不是说对方所做的一切都是好的。原谅只是意味着，"我知道你做错了，但我执着于此是在伤害自己，所以我要往前走"。

即使你还没有真的原谅，写下"我原谅你"也是进行原谅和放手练习的一种方式。如果我们不原谅，就很容易陷入痛苦，被憎恨压倒。你不需要原谅前任做错的一切。也许有些事情你并不想写。但总要写一些，因为这是放手的重要起点。

一旦你的清单定稿，里面只剩下重要的点，就是时候写信了。从中选出你真正想提到的内容，写下所有你想说的话。要写完整的句子，不要使用着重号、速记法。假装这是你与前任的最后一次谈话，如果你边写边大声讲出来，效果可能会更好。

信写完后，花点时间单独待着，在日记中写下你有什么感受。接下来的几天，留出时间来做一个放手仪式，这个在本章结尾处会有说明。

其他关系的梳理

如果过去还有其他重要关系仍旧影响着你，你可以运用亲密关系梳理来处理每一段依然困扰着你的关系。一次梳理只针对一段关系，看看自己的过去还有什么需要解决的问题。

生命盘点

"我实在不情愿做什么生命盘点，可一旦我开始写，却看到了好多自己不曾看到的东西。我忽然发现了自己为何总被那些心理不健康的人所吸引。"

"我是家里的调解员，总是努力调解各种事情，试图安抚每个人。我总是遇到那些愤怒的、索取的人，然后去安抚他们。我厌倦了，我想摆脱这些让人身心俱疲的模式。生命盘点让我看清了这些，现在我可以做出改变了。"

"'为什么'不一定会成为谜。生命盘点能解开这个谜题。如果我们不去研究它、理解它，借鉴以往经验而在下一次做出不同的选择，我们就基本是在重复我们的过去。"

"生命盘点帮助我理解了感情结束时自己的那些强迫性思维。我突然看到了它们的来源，也知道我能对此做些什么了。"

"我多希望自己能有幸在许久之前就把亲密关系梳理与生命盘点结合起来。大学毕业后，我自己做过亲密关系梳理，可直至我做了生命盘点后，我才知道，原来，我的那些前任都属于同一类型的人。我对互相依赖特质一无所知，我也根本不知道，一个人会由于无意识因素而和一无是处的人纠缠不已。当我把这两项梳理统统完成（我是按顺序做的）后，关于我与父母、与其他亲人的关系，我有了一些有趣的发现。"

亲密关系梳理有望帮助你理解你之前的感情，辨别那些你忽略或漏掉的危险信号。然而，只有当你理解了自己的感情模式、明白了未完成的内在课题与残留的哀伤是如何继续影响你和你的选择时，你才能确保自己会拥有更好的关系。

许多人都携带着"蹩脚的选择器"，这是我们的成长经历与过去的关系造成的。所以，我们选择的人恰恰反映出我们未完成的课题。在潜意识层面上，我们希望能在未曾赢过的人那里扳回一局。具有讽刺意味的是，由于我们选择的人不仅反映着我们过去的斗争，而且他们像极了我们过去关系中的人，甚至连行事方式也如此相似，因此我们永远都不可能获胜。我们需要做的是摆脱"与折磨过我们的人相类似的"那些人，因为获胜的唯一方法就是别再接招，别再参与同样的"游戏"。

生命盘点是让你完成内在课题的框架，而那些未完成的课题会使你在交往中重复旧有模式。亲密关系梳理是让你从上段感情中吸取教训，而生命盘点则是让你看到那些在你生命中发挥作用的不健康的推动力，从而调整你与他人的互动方式。生命盘点可以追溯到你的童年，甚至在你完成这项梳理之前，它有可能会直接引你开始梳理与父母（或其他监护人）的关系。

这些梳理就是为了告诉你，究竟是什么在驱使你选择那些不适合的、不健康的伴侣。一旦你明白了这些力量，你就能改变它们影响你的方式。

书写"生命盘点"

1．最开始的第一步是把一张空白的纸分为两栏，一栏写关系中他人的正面特质，另一栏写负面特质。通读最近写的"伴侣的正面特质和负面特质"清单。面对每一个特质，想想你以前的伴侣是否有相同或相似的特点。如果你曾有难以处理的情感依恋或动荡的非情侣关系，也可以写下来。你还可以写写自己喜欢的对象（心仪的人）/伴侣、朋友、兄弟姐妹、表兄弟姐妹或其他同辈关系。在每栏中，写出前任有哪些特质与你生活中其他人的某些特质是类似的。

2．看一下你做的表格，写写刚列出的所有人或大多数人具备的相似的特点和相似的模式。

3．列出你母亲具备的正面和负面的特质。你有多少前任、密友具有同样的特质？

4．列出你父亲具备的正面和负面的特质。你有多少前任、密友具有同样的特质？

5．列出其他对你有重要意义的、影响较大的监护人或同辈的正面和负面的特质。你有多少前任、密友具有同样的特质？

正如你所看到的，这些列表提供了你对自己生命里所有关系进行参照与交叉对比的机会，可以纵观过去与现在。真正完成这 5 条可能需要些时间，不过在这之前，你也可以继续下面的练习。

再做个两栏的表格。在第一栏写下标题"吸引我的负面特质"，在标题下面写你生命中所有或多数重要关系里都具有的一系列负面特质。在第二栏写下标题"我想要获胜的斗争"。假设你的前任大多是过度挑剔的，你可以在第一栏写上"挑剔的"。那么你总与挑剔的人约会，是想赢得什么斗争呢？你可能会注意到，"挑剔的"也是你父亲具有的一个特质，于是你可能会写，"试图赢得挑剔的父亲对我的认可"。另一种可能是，挑剔的人不是你的父亲，而是你爱慕的哥哥姐姐，但对方老是捉弄你。如果你不确定第二栏里写什么，先写在日记里，找时间再补上。

你的人际关系最能准确地反映出你的情绪健康状况。一个人的亲密关系并不会比其病态的伴侣健康多少。看看你的伴侣，看看你与对方之间存在的问题，这有助于你理解自己与过去的什么人之间还存在矛盾。如果吸引你的人反映的是不健康的父母，也许是时候梳理与父母的关系了。你最后要梳理与父母双方的关系，不过重要的是，现在需要先梳理与一方的关系。

梳理与父母的关系

看看你在生命盘点中列出的父母的正面特质和负面特质。让思维回到你的童年，做以下练习。

1．列出父母不符合你期待的时刻。其中哪些时刻让你感到失望？哪些时刻你感到尴尬？哪些时刻让你感到缺失？哪些时刻你感到不确定？有你想要或需要拥抱，父母却不在身边的时候吗？玩耍或做游戏时，是不是其他孩子的父母会过来，你的父母却不会？父母在哪些方面做得不符合你的期待或需要呢？

2．列出所有一对一关系中消极的方面。列出父母对待你的所有方式，特指那些消极的方式。列出与兄弟姐妹相比，你被区别对待的所有方式。列出你与父母在性格方面完全不合的所有点。

3．列出你想讨好父母却失败的所有时刻。

4．列出你叛逆的所有时刻及父母的反应。

5．列出你与父亲或母亲的一对一关系中所有积极的方面。

6．有没有一些时刻你与父母的关系还好？记忆中有哪些这类美好时光让你觉得是特别的？

7．列出家里其他人是怎样与你的父母相处的。母亲怎样对待父亲，父亲怎样对待母亲？兄弟姐妹是怎样与父母相处的？

你是否从父母一方与另一方的相处中发现自己对另一方行为回应方式的线索？父母一方是否会向你数落另一方的不是？那个时候你有什么感受？

8．父母有哪些行为是你想改变的？如果你未曾尝试改变他们这些行为，是觉得他们终究会改变吗？你希望他们会改变吗？当父母以消极的方式对待你时，你是否感到吃惊？

9．你的父母有两种极端的个性吗？你把父母分裂成了好坏两面吗？产生了这种分裂之后会有什么好处与后果呢？

10．写下小时候你和父母相处时你觉得自己做错的事情。你有很不听话与无礼的时候吗？你撒过谎吗？你偷过东西吗？

11．写下所有你可以原谅父母的事情。

就像做亲密关系梳理那样，你用一两周梳理完成与父母的关系，之后，休息休息，犒劳犒劳自己。放松一下，好好玩。记住，休息与犒劳是很重要的。过几天，把对与父母关系的梳理中最重要的点列成一个清单，写好信并大声读出来。做完之后，进行放手仪式，对此我们会在本章末尾予以说明。

前面提过，你还需要对父母另一方、你的哥哥、姐姐或其他监护人做这项关系梳理。慢慢来，不要急于求成。在不同的梳理之间，建议把日记也派上用场，思考自己下一步的打算。在梳理的空档里好好歇歇，保证自己的良好节奏。

对亲密关系梳理、生命盘点的深化

　　一段关系是否健康取决于关系中的两个人，正所谓"物以类聚，人以群分"。如果你想了解自己所缺失的东西、未完成的课题、内心的冲突，看看你的伴侣就知道了。如果你认真地去听、细心地去看，你会发现你对伴侣的选择就能告诉你还有哪些地方是你不自知的。你是在成长、在改变，但你对另一半的选择依旧会反映出你的内在课题。

　　当完成亲密关系梳理（各项梳理），并在生命盘点上有所进展时，你就可以利用得到的这些信息获取一张路线图，以清楚自己过去的状态、往后要避免的方向。不要重复旧有模式了，是时候跳出那些模式，为自己和自己的人生负责了。

　　第9章着眼于把新的亲密关系视为自己情绪健康状况的反映。在进行一些全面充分的梳理之后，你需要白纸黑字地正式记录梳理成果，据此精确地评估新的恋情。例如，你现在的伴侣很挑剔，请参照亲密关系梳理中潜在的危险信号。通过这些角度看待你的新伴侣，不要无视对方可能是个吹毛求疵者的早期警报。这不是说你还没有准备好开始一段新的关系或尚未完成梳理，而是说要消除你对某种类型人的吸引是非常困难的。请对梳理出来的内容保持觉知，这样，你以后就能够消除自己对错误类型者的吸引了。

举行放手仪式

如亲密关系梳理及梳理与父母的关系部分谈到的，在写好给过去某个人的信之后，我们要做的就是举行放手仪式。让你的朋友、治疗师听你大声朗读那封信吧。即使你感到局促不安，最好还是向某人大声朗读这封信，以此作为放手过程的见证。信要慢慢读，这样你可以与信中的言辞保持联结，确保你在读的过程中会产生相应的感受。如果你需要停下来哭一会儿，或者宣泄愤怒，那就停一下。慢慢来，不要草草了事。

朗读信件后，谈谈整个练习过程中自己感觉如何，此刻有什么感受。如果你感到愤怒或悲伤，那就去感受愤怒或悲伤。但是你也可能没有任何感觉，那就慢慢来，这种麻木的状态终究会消失，你的感觉会回来的。

稍后，把信烧掉，大声说："感谢你出现在我生命里的时光。是时候让你带着爱离开了。"就算你感到愤怒，感觉不到爱意，借助这些话，你就不会在放手时还心怀愤怒或怨恨。让对方带着爱离开吧。与原谅一样，这也不是为了他人，而是为了你自己。

放手仪式具有重要的情感与象征意义。朗读这封信，把它烧掉，然后走开，这些都是仪式的重要组成部分。有时你会感到心灵在被净化，有时会有更多哀伤涌现。无论出现什么，允许它们发生，记得你正在疗愈。

　　举行了放手仪式，疗愈并非就会奇迹般地完成。这只是疗愈过程的一部分而已。你可能会再次回到哀伤的第二周期，但痛苦会随着时间的推移有所减轻。如果需要，你可以用另一封信再举行一次放手仪式。要知道，每次你这样做，你都离疗愈又近了一步。

其他的放手仪式

　　有时候，放手仪式让人想丢掉某些物品（如照片、信件、戒指、礼物等），免得睹物思人。如果你确信时候到了，那丢掉就没有问题。如果你有任何迟疑，就先别这样做。你可以把所有的东西放进盒子里，然后放到衣橱的最里面。等以后准备好举行另一项清理仪式时，你可以再考虑选择性地丢掉还是全部丢掉。

　　有些人喜欢把和对方有关的纪念物品一次性地清理掉，有些人则要慢慢来。依照自己的节奏进行，不要想当然地认为要一次性地完成哀伤疗愈的功课，或者觉得放手仪式就是解脱的最后一步。确实有这种可能，但更多情况下，这仅仅是其中的一个阶段。可能你需要不止一次地举行放手仪式，请对自己温柔点。

关于原谅的最后寄语

完成了对感情经历以及与早年监护人关系的梳理，你会发现自己会在情绪的各个周期、原谅的各个阶段来回震荡。彻底、充分的原谅才会令你解脱，可这需要过程，且不可能一劳永逸。只有基于正确的用意，在正确的时间将这个过程走完，你才会解脱。

如果拒绝原谅，那你会付出继续体验痛苦和无法放手的代价。如果过于心急，那些伤害你的人带来的某些愤怒和痛苦，你可能就永远无法面对。如果你盲目地原谅，你可能会让自己再次受伤，甚至被同一个人所伤害。如果你节奏太慢，也许就无力再爱其他人了。

就像哀伤与关系梳理一样，原谅也是分周期进行的。在书写关系梳理清单和处理哀伤的过程中，你可能会发觉自己怒火中烧、满腔怨恨，或者诅咒着伤害你的人。这会让你很不舒服。这些感受本身只是暂时的、正常的、自然的，但按照这些感受情绪化地行事是不健康的。你应该去承认、去体验、去体会这些感受，然后放手。

分手之初，也许有人会对你说，如果摒弃愤怒去原谅对方，你就会感觉好得多。事实是，只有当你体验了自己的愤怒、痛苦，你才能去原谅。关系梳理与写信是原谅的第一步，即使在放手仪式上你大声读着自己写的信，读着"我原谅你……"，或许你也不是或不能真的原谅，也无法完全原谅，这都没有关系。

有时你只能原谅百分之一，而剩余的部分还是老样子。学着与它共处吧，等你再回头去感受的时候，能原谅部分的占比可能已经发生改变。最基本的一点是，原谅很少会突然发生，它是一个漫长的过程，只会在该来的时刻到来。有时候即便很难，你也必须决定要原谅，因为你知道时候到了。有时虽然你做了尝试，但你内心里其实明白，时候还未到。关键在于，你要体验了伤痛、愤怒，（在日记里，对治疗师、支持者与朋友）道出了你想说的关于伤害者的所有可恶之处，之后，你才会真正原谅。

原谅是疗愈进程的一部分，不要忽略它，也不要心急。它只会在该发生的时刻发生。不论何时发生，对你都有好处。感到它那净化的力量，你将更能继续前行。当你准备好了，当你允许自己感受种种强烈情绪之后，及时地原谅吧。用你全部的力量去原谅，同时接纳自己。

本章描述的关系梳理，是让你倒转到曾经，看看生命里的一切，以进行必要的转换。以后，你可以一遍遍地做这样的梳理，同时随着需求的不断变化而做些改进。一旦你了解自己在过去关系里的真实模样，知道自己真实的生命状态，你的疗愈就启动了。你就能全然地经验那些残留的哀伤，完成你的内在课题，继续前行了。

第 8 章

适当的距离：设置界限

讨好、依赖、控制、过度干涉、
害怕分开等都提示我们需要清晰的人际界限，
勇敢说"不"，
真正做到独立自主。

"当我能够设置一些清晰的、明确无误的、不容侵犯的界限时，那感觉真的太棒了。目前，我已取得了一些小小的胜利，现在正学着辨别那些企图挑衅关系边界的行为。"

"没有人听我的，因为我每次都会放弃自己的需求。我很痛苦，觉得自己是受害者。但是当我开始设置界限后，情况就变了。"

"设置界限是我为自己做的最棒的事情。局面完全逆转了。现在局面开始由我掌控了。"

"当我开始设置界限时，周围人完全不喜欢，但我发觉，自己喜欢自己比让他人喜欢自己更重要。在此之前，我并不怎么喜欢自己。"

"改变我与父母的关系界限对我整个人生有着最大（最积极）的影响。从那以后，与其他人拥有良好的界限就变得容易多了。第二大影响是对我的孩子。多年来我都为自己不是个好妈妈而痛斥自己，现在不会了。我不再小题大做，不再大吵大闹，也不再心怀内疚，自己只是在与父母、孩子相处中，在必要时对特定事情给出简单的回应——不。"

"我终于意识到，没有我的许可，没有人能打破我的界限。这个小小的启示改变了我的生活。"

你是否觉得他人轻易就会侵犯你？你是否有时感到说"不"很难？你是否因害怕争吵、被遗弃而不敢表达对伴侣的需要？如果你不满足他人的需要，你是否会觉得自己"不够意思"？你是否害怕对他人说你接受不了他们做的事情，害怕对方会因此不喜欢你？

前几章讨论过与孩子、前任设置界限，但与你生活中的每个人设置界限也很重要。因为坚定的界限带来良好的关系、较高的自尊水平和健康的情绪。那些能设置适当界限的人才能够享受生活，因为当你知道你可以保护自己时，才更愿意抓住机会、承担风险。但设定这些界限是项艰巨的任务，它不会在一夜之间实现，也不一定会那么容易，但是从长远来看，这些界限会让生活变得轻松很多。

界限是什么

界限就是某种边界、限制或标准。在人际关系里，界限标示出我们所需的身心空间的边界，让我们在一段关系中能够保持合适的限度。这意味着你的就是你的，我的就是我的，我们很清楚我们之间的区别。我对我的思想、感情和行为负责，你对你的思想、感情和行为负责。我也对自己允许他人在我这里有多少回旋余地负责。有界限也意味着以下几点：

你知道哪些问题、责任、义务和工作属于他人，哪些属于自己，于是你就不必为此陷入徒劳的、无休止的争论中；

你知道如何说不，当你说"是"的时候，只是出于自己的意志，而不觉得有强迫感、内疚感或过度的责任感；

你对自己会为他人付出多少设定了限制，知道这种付出并非无止境的；

你有明确的关系界限，包括与父母、孩子、朋友、爱人、工作上的熟人、店主、客服代表、银行出纳员、预订员、照看猫的保姆、狗狗美容师——所有人，任何人都不准侵犯；

你照顾好自己，让他人知道他们不能入侵你的领域；

你说一是一，说二是二，但并非刻薄无礼；

你会满足自己的需求，因为你不怕把它们讲出来。

为什么设置界限

由于设置界限很难，因此人们往往会疑惑这到底值不值得。当然值得！若有心观察，你就会发现某些人是"界限终结者"，他们会控制那些缺乏自我界限与所有权意识的人。具有良好界限感的人不允许被侵犯，所以不会被这些"界限终结者"所控制。但是没有界限感的人或缺乏自信的人就会在生活中碰到诸多控制、利用他们的人。我们的目标是与健康的人建立更健康的关系。因此，设置界限是必须的。

设定清晰的界限将使你不害怕与他人互动。当你知道在任何情况下都能自我保护时，你就能在适当的时候更好地放下警惕，真正地去爱和被爱。饶有趣味的是，明晰的边界、限制和标准带给你的是真正的亲密和分享。

何时设置界限

健康的人生从懂得何时设置界限开始——能够表达自己的意见，指出自己不能接受的他人的行为。当你在观察、记录自己在各种情形中的状态时，请留心那些让你感到不安的时刻。写下你与他人之间发生的事情，试着弄清楚这些令你受挫的交往是否在提示你需要设置界限了。仔细体会他人对待你的方式，并将之与你想被对待的方式作对比。把这样的时刻记录下来，认真思索下一次可以怎样变换自己当时的言行。本章稍后会给出一些应对界限问题的示例，这将有助于你在生活里设置自己的界限。当然，你首先要识别什么时候需要设置界限。

需要设置界限的首要信号是你感到受伤、挫败、生气或被利用。有人指责你没做什么，可这事并不属于你的责任，你觉得受伤，也心生抵触，却不会说"这不是我的责任"。有人硬要与你说些你根本不想听的话，这破坏了你的界限，你可能会感到苦恼，却说不出"我真的不想听这些"。有人借了东西，不归还给你或归还时已不完好，你可能会感到愤怒，却说不出"以后借给你的东西，要完好如初地还给我"。有人不断要求你助其摆脱困境，你可能感到有些恼火，却说不出"抱歉，我这次帮不了你"。

在你觉得冷，请求某人关上窗户时，对方却说"你怎么会冷呢"，你可能没有意识到，这个人正在冲击你的界限。你感到生气时，有人说"这有什么可生气的"，你可能会质疑自己的感受，而不是质疑这个人是否有权利评判你的感受。你可能不太知道其实你可以说："我的感受没有对错。本来就这样。"任何时候有人驳斥你的感受，不论是身体上的还是情感上的，你都需要让对方知道，你不喜欢有人教你该怎么感受。

任何时候你感到某人令你不安就表示你可能需要设置界限了。你的模式可能更倾向于不想触犯对方的感受，而是任由自己被扰乱。但如果想拥有良好的界限，你就得开始认识到，自己的感受是正当的，那些人不能再把什么都强加于你。学习如何设置和维护界限也许很艰难，却值得努力。多运用你正在实践的练习工具，就能够学会设置界限，消除互动过程中你自己的或对方的消极情绪。

如何设置界限

1．观察。要与周围人建立健康的边界，第一步是记录下那些你突然觉得被欺骗、受挫、受伤、生气、被利用或不被尊重的场景。

2．认识到设置边界是需要时间的，这既是种技能，也是种心态。不是某一天睡醒了说一句"我要与全世界所有人、在每个接触的场合都设置边界了"就可以。这样是没用的，随着时间的推移，你可以设置所有你需要的界限，但请耐心些，一点点地推进。

3．限制他人冲击界限时"钻空子"。一位女士说："我发现很难不留空子。第一次设置界限时并非每个人都会遵守，他们表现得就像没听见或没听懂。"的确，设置界限往往需要反复表明自己的立场，但不要超过三次。那些界限终结者会企图磨你、耗你，甚至假装没听见。如果你声明了三次，他们也听到了，就不要再试图寻求他们的理解，直接设置界限就好。

4．总是使用第一人称"我"。用第一人称"我"来表明界限，有助于防止对方辩解。即使对方与你起了争执，你也可以回应："我只是在说我的感受。"而你有什么感受，在任何关系里都是正当的。

5．设置界限时，最好保持对话简单明了。人们总是问我，当被要求做解释时该说什么。太多缺乏界限感的人都会调用过度解释的习惯，或者认为必须阐明自己的立场，必须让对方理解。其实不然。如果你不想，你根本不需要向任何人解释。我的一个教练客户跟一个界限终结者度假，她已经受够了这个人不尊重她，践踏她的情感，告诉她要做什么。这个人太烦了，下次活动她也不想参加了。她问我："我要撒个小谎吗？"我回答："不用，你就直接告诉对方你不去了。"她说："如果对方想要一个解释呢？"我说："除非你想与一个根本不尊重你的想法和感受的人展开一场旷日持久的争论，否则根本不必解释。你就说'抱歉，我去不了了'，其他不用理会。"

6．当他人迫切要求一个解释时，你会有不舒服，甚至慌乱的感觉。一位博客读者就准确描述了在开始设置界限时会有的普遍体验。

> 这不是设置界限的问题，而是找到正确说法来表达的问题。当了许久的和事佬，碰到要讲令人不爽的信息我就感到不安。有时我没办法像我希望的那样自信地说话。我不想让事情恶化（或升级）成一场战斗。我觉得自己很笨拙，像个冒失鬼。我想，等我有了更多为自己辩护的经验时就会好一些，但在这期间，我有时觉得自己好蠢。

有时你会觉得自己像个"蠢货"。最初的尝试也许显得"笨拙"，有时因免不了去做解释而败下阵来。但重要的是，要继续尝试。请设置界限，不必进一步解释，这是你的权利。

7．准备：明智地选择自己的方式。想想你最需要设置界限的地方，现在集中在这些领域。选择两三处开始，要明白你为什么选择这些领域。哪个界限议题对你的生活来说最紧迫？记下设置界限时可能出现的情况与结果。

8．如果不能一以贯之，就不要表明界限、发最后通牒或给出相应的逻辑后果。设置界限的关键是让人们知道你所需的身心空间的边界。如果你不清楚这一点，那么其他人也不清楚。如果你设置的界限连自己都不能遵循，那对你的生活也不会有作用，更不会改变你的生活面貌。

9．不要担心触犯他人的感受。你不能一边设置界限，一边还要照顾他人的感受。这样你既不是在设置界限，也不是在关心他人。如果有人因此生你的气，那你需要与这种不舒服的感觉共处，因为这才意味着你在照顾自己。其他人感觉不好不要紧，你自己要感觉良好。记下自己的感受，肯定自己拥有设置界限的资格。

在与特定的人设置界限之前，做好准备是关键。例如，妈妈总是星期五给你打电话，让你星期六给她跑腿办事，这让你心烦。虽然最开始你就很无奈，但情况已经持续很长时间了。以前你总试图找借口来逃避，甚至还对她撒过几次谎，但就是不敢说"不"。

在日记中写写你将如何与妈妈设置界限。你可能会说："很抱歉，星期六我不能去。"她可能会说："我为你做了这么多！

你都不能星期六来跑一趟。"想象你在说："很抱歉妈妈，这周不行。"写下你妈妈以前为了让你有罪恶感、为了操控你所做的一切。写下所有她可能对你说的话，以及你可以怎样回应。你可以对此进行练习，在头脑中演练、观想。确认与妈妈设置界限是可以的，对妈妈说"不"也是可以的。

也许以前妈妈会质问你（有时甚至会不停地问），你不给她跑腿要去做什么。这时别被带进去。不要觉得你需要向她解释，事实上，别向她解释。记住这点，免得你又掉进解释的陷阱里。你只需要说："对不起，妈妈，这个星期我不能给你跑腿。"她可能会说："你怎么不回答我。"你可以说："我没打算回答。我是说我很抱歉，这周不行。"她可能会揪着你不回答问题不放，或者和你讨价还价——能不能提前、推后或改到星期天。这就是你开始设置界限时，那些"界限终结者"常用的"套路"，他们会想方设法地突破你的界限。请退后一步，观察"界限终结者"碰到你要设置令其不悦的界限时，会有怎样的疯狂举动。听到其中操控和恐吓的伎俩，你会吓一跳的。

一位参加戒酒匿名会的女士告诉我："当我们停止讨好时，别人会不爽。"确实如此，而且也正因为他们会不爽，所以他们会想方设法地动摇你的决心。不要屈服。别给他们讨价还价的可能。必要时终止交谈。不断提醒自己：你的目标不是回答问题，而是不妥协。

没有必要让他人理解你的行为，不加解释就说"不"确实很难。然而，很多时候就是需要你坚定立场，什么也不说。如果开始解释，你可能又要陷入争论中，试图为自己辩解，最终会被瓦解而做出让步。最好只说"不"，这需要练习，尤其是如果你过去很长时间都要做（往往是徒劳的）解释，那对方就会等你的解释或逼你做解释，但不要解释。你会因此感到不舒服，但这是必经阶段，以后会越来越轻松的。

自然后果与逻辑后果

有时候，设置界限比说"不"更复杂。我们需要让那些不尊重界限的人承担相应的后果。正如我们在第 6 章探讨的，在给孩子设置界限时，要允许自然后果发生，并给出逻辑后果。这也适用于成年人。如果不尊重界限并没有什么后果，就没有人会尊重你设置的界限。

自然后果。首先要考虑的问题是，当关爱的人陷入法律或经济困境，这是谁的问题？有句俗语说得好："你的错误不应该由我来承担。"这意味着，不要让他人把他们应面对的问题变成你的。是的，说"不"很难。但如果一次又一次地帮助他们摆脱困境，他们就永远无法从自己做了什么或没做什么而导致的后果中吸取教训。这样做等于我们不允许我们关爱的人获得独立自主的尊严，借此继续控制他们，使其对我们有所亏欠。是时候停止对他们的拯救，停止承担不属于自己的责任了。放下控制，如果你担心不好的事情会降临到你所爱的人身上，那么请与这种不舒服的感觉共处。虽然很难，但这正是你需要做的。这样不仅你的生活会变好，你所爱的人还会学到人人都有必要懂得的自我责任感。

再想想生活中你需要设置界限的各个方面，或者你似乎总会碰到的某些场景。有人向你要钱吗？有人把自己的责任推给你吗？你生命中最需要改变的是什么呢？

接下来，在日记里对这些情景进行筹谋，就像在下一盘象棋：写写"界限终结者"会有什么动作，你将如何回应。如果"界限终结者"说或做的是 X，我将说 Y。如果对方不回应，我就让其承担应得的自然后果或相应的逻辑后果。

在设置界限时，要预知那些不速之客的动作往往很难，即使你计划做得再好，他们的行为都可能在你的计划之外。但当你的观察力变得更敏锐，能踩到破坏界限行为的拍子，你就可以找到各种各样的方法来应对难以预知的反应。练习说"不"，练习停止头脑中的争论，与你的治疗师或朋友进行角色扮演。这样便可以对"界限终结者"及其"戏码"做好准备。

逻辑后果。对自然后果听之任之确实有点困难，而找出并施加某种逻辑后果则更是难上加难。如我的一名学生珍娜，她有个朋友叫玛丽，每次她们打算一起去某个地方时，玛丽总是迟到，这使她们错过电影的开头、预定的晚餐或参加重要聚会时迟到。这些把珍娜弄得很烦乱，不过玛丽似乎并不发慌。珍娜指责过玛丽，试图让她反省，也提醒了她许多次，甚至还生了几回气。可玛丽依旧是老样子，因为她并没有必须为自身的行为承担后果。珍娜跟我说："我总是得等她，她却照旧把好好的晚上毁了。"

我告诉珍娜，玛丽在这件事上是无辜的。其实是珍娜自己从未设置过任何界限，给了玛丽那样的权力，把好好的晚上毁了。珍娜抱怨，她不知道怎样设置界限，她除了抛下玛丽自己走之外，什么办法都试过了。可是，解决办法就是要抛下玛丽。珍娜需要设置界限，针对玛丽的行为给出相应的逻辑后果。

我告诉珍娜要这样对玛丽解释，使用第一人称"我"的说法，即自己有什么感觉，以及自己无法再容忍玛丽凡事都迟到。她只用对玛丽讲，如果玛丽不按时出现，她就自己先去了。于是她就对玛丽说："我等你，你却迟迟不来。我觉得要继续等你的话，似乎就得取消其余计划，这让我很烦。我乐意和你一起去，但一味地等你让我感到不爽。所以我想到一个好主意，要是你在约定时间不出现，我就先走了。"

我告诉过珍娜要做好被抵制、被抗议的准备。"走出过去"博客读者曾指出："当你设置界限时，你就得做好挨骂、被贬损、被指责的准备，有时让你经受这些的恰恰是你认识多年的人，他们不相信你会说出这样的话。但要知道，你正在成为你想成为的人。不欢迎或不欣赏你的转变是他们的损失。"在你设置新界限遇阻时，重要的是守好自己的立场，即使这很难。

如果玛丽对珍娜新设置的界限有意见，她可能会发起反击或争论不休。建议珍娜不要解释或为自己辩护，就只是重申这个界限与自己会先走的打算。语气平和地重复说："嗯，我挺想和你一块儿走的。请你按时来啊，要不我就先走了。"珍娜给出了两个选择，只有两个选择：要么玛丽按时到，她们一起走；要么玛丽迟到，珍娜先走。我料想，和大部分人一样，珍娜的这个朋友会表示质疑。事实的确如此。

她们计划在珍娜的家里碰面，然后一起开车去参加共同好友的聚会。到了约定时间，又见不着玛丽的人影儿，于是珍娜就钻进了自己的车。她刚要走，电话就响了。"我快到了。等等我。"玛丽说。珍娜愣了一下，发觉自己的界限又被侵犯了，她就对玛丽说她得先走了，到了地方再见。好多年来，碰到这种情况，玛丽最后都得逞了，她简直无法相信，珍娜竟变得这么"不通情达理"。

珍娜语气友好地重申了自己的界限："玛丽，我说过，如果7点你不到，我就先走。你不是没到吗，那我们就到地方见吧。"说完就挂了电话。如果在设置界限时，珍娜不经历这个困难的、令人不舒服的过程，玛丽就会在界限上"钻空子"，然后每个星期那个空子都会变大。珍娜坚守自己的界限、坚持让对方为越界行为承担所伴随的后果，所以她已经完成了困难的部分，以后她就能够体会到设置界限的成效了。反之，如果她对不舒服的感受屈服了，往后就只会招致更多挫败。

设置界限是正当的

在任何领域、与任何人设置界限起初都困难重重，不过慢慢会容易起来的。越界行为若伴随有相应的后果，则会强迫那些挑衅者遵守界限，当然，第一次或前几次设置界限时，人们也许会对你发起挑战。允许自己对此有不舒服的感受。有时候，你不得不面对很棘手的情形，你知道必须设置界限，而这个决定却往往不受欢迎。此时你需要坚定立场，相信自己可以做到。人们会尊重你的，随着时间的推移，各种讨价还价或错综复杂的情节就会越来越少。到最后，你甚至都不用再设置这些界限。人们会知道，你在说"请按时到"时是没有转圜余地的。

记住，拥有自己的要求、看法、界限与个人空间是很自然的事。不把所有事情告诉他人，不对所有事情进行解释，有时候无法随叫随到，他人不知道你在哪儿，这都是合情合理的。很久以前一个导师对我说过，电话铃响代表的是一个请求，而非要求。我看到太多人任由自己被家人、朋友在任何时间、任何地方所搅扰，就只是因为有手机、有电脑。倘若有人给他们打了电话，他们没接到，那个人就会说："哎，你怎么不接我电话？"如果你已经被训练成所有时间的所有电话都得接听，这个问题你就不得不回答。

不接电话没什么，不借钱、书或衣物给他人也没什么。真的，这些事情都不做也没什么。要是情况紧急，对方会找到你。

对方要真需要那本书，也可以自己购买或去图书馆借。他要真需要那笔钱，也可以找其他人。无法随叫随到是很正常的。电话一响你就接听这种情况持续多久了？这些电话里又有多少是有急事的情况呢？不接电话没什么，他人通过电话、即时通信、邮箱或语音信箱找不到你也没什么。你值得拥有属于自己的隐私空间与"离线"时光。你自己尊重这些，他人也会表现出尊重。记住，设置界限的目的不是要引起他人不快，而是要善待自己。

是谁的事

我们多次提到，在设置边界时，分清责任归属很重要。举个例子，你的一位邻居知道你星期三不上班，就让你在那天带他妈妈去看医生。他多次给妈妈预约你休息的星期三看医生，你也已经带她看了好几回医生，你不想再去了。你还有其他事情要在星期三做，即便没有事情，你可能也想休息一下。

想想这原本是谁的事。那是谁的妈妈？不是你的。谁预约要看医生？不是你。这个事情是你的吗？不是。那接下来你就说："如果可以的话我会去的，不过我还有其他安排。"尽可能到此为止。如果很不幸地，你之前可能做出过让步，这次又让那个邻居捕捉到你会让步的信息，那么对方就会给你施压。请记住，最开始设置界限时，你会被挑战。只需重申自己讲过的话即可。如果必须讲三遍，那就讲三遍，不过最多三遍。三遍之后，你可以说："我可以和你多说几遍，但我得走了。"说完就走人，别让他把你拉回来。

这是个明显关于责任归属的示例。不过很多时候，责任归属并没这么清晰。那就再举个例子，有一对刚离异的夫妇，约翰与劳拉。他们没分开的时候总要定期去看约翰的外婆。到约翰的外婆那儿需要一个小时的路程，每周他外婆都可以见见他们的孩子。自从两人分开，孩子们就再也没去见外曾祖母了。虽然劳拉眼前没有上班，但与约翰离婚就已经够折腾了，实在不想再在前任的亲戚那儿花什么时间。约翰生气地给劳拉打电话说："你怎么不带孩子去我外婆家了？"劳拉下意识地想道歉或带孩子去看约翰的外婆，但让我们来分析一下。

她是谁的外婆？

是的，她是约翰的外婆。劳拉和她有关系是离婚前的事了。还有，约翰的外婆是冲着自己的外孙约翰抱怨的，而非冲着劳拉。最基本的一点，她是约翰的外婆，不是劳拉的外婆。

即使这里面有不明朗的灰色区域，即使还有些细微差别需要考虑，让我们把情况切分成最基本的形式，使其黑白分明。在灰色区域耽搁太久会让情况变得混乱。是的，劳拉过去与约翰的外婆有关系，也确实存在过某种往来，不过，最基本的一点是，那是约翰的外婆。

谁的孩子？

这里又有点灰色区域，因为孩子毕竟是约翰与劳拉共有的。但是，在这个例子中，约翰的外婆想要见孩子们是因为那是约翰的孩子，而不是因为那是劳拉的孩子。

带孩子看约翰的外婆是谁的事？

约翰的。

劳拉必须让约翰知道，这个问题不是她的。她可以讲："我很乐意你能过来把孩子接走，带他们去你外婆家。跟我说下时间就行。"如果约翰继续指责她，或者试图调动那些灰色区域，劳拉就可以对约翰的评判不予理会。否则，她就会掉进一场争论里。劳拉需要重复的是："我很乐意你能过来把孩子接走，带他们去看你外婆。跟我说下时间就行。"在讲第三遍时就应该说："跟我说下时间。我得走了。再见。"她就得把电话挂了，约翰再打来也别接。这是约翰的事，需要他自己来处理。

界限设置小结

1．记住"不"这个独词句。如果不想为某人做什么，那就说不，然后该做什么做什么。不要让他人非向你要个解释，不要允许他人哄骗或操控你。"不"就是"不"，而不是"行"，也不要让它变成"行"。如果你让"不"变成了"行"，你的"不"

就再也不会奏效了。

2．不要征求意见，重申界限别超过三次。回答"不"，就不能变成"行"。如果你重申三次后对方还听不进去，那对方看来是听不进去的，你就不要谈下去了。

3．允许他人为他们的行为承担自然后果。

4．对不尊重界限的行为给出逻辑后果。

5．允许他人生气。你之前没设置过这些界限，所以对方可能会心生抵触，会告诉你这样是不讲道理的，还会聊着聊着把不相干的问题都扯上。

6．不要让他人把你拖进与眼前情况无关的事情里。不要为此大吵大闹。不要谈论其他情况。不要就对方列的一条条"罪状"（一开始你就做错的事情）进行辩解。

7．用肯定语来帮助你加固自己的界限。写些"我的生活拥有很清晰的界限"或"我与他人界限分明"之类的肯定语。

8．使用第一人称"我"，把责备、防御从交流中拿走。在日记里练习使用第一人称"我"。写下来，大声读出来。这些用第一人称"我"表达的话能让他人了解你的感受，了解你想让对方停止做什么。

"你最后一分钟打电话才说我们计划有变，我会很慌乱的。"

"你大中午打我电话，我会生气的。而工作期间又不能讲电话，我就会烦躁。"

"进屋的时候你看到房间不整洁时问我是不是发生什么事

了，我感觉自己受到了评判。"

9．记住，不把一切告诉他人没什么，不对所有事情做解释没什么，就只是说"不"也没什么。设置界限是合情合理的事。事实上，这才是健康快乐的生活所必需的。

设置界限需要练习，不过用不了多久，良性的、健康的界限就会让你的生活轻松起来，也会让你的感情、友情都轻松起来。先把功课完成了，以后你就会收获颇丰。

第 9 章

全新的亲密关系：
走上真爱的坦途

真爱是种自我扩展的体验，

它不会让你忧虑、等待、怀疑明天，

而是信任你、支持你、容纳你所有的兴趣。

"上次分手后，我做了哀伤疗愈的功课，这改变了我的人生。那种为了博取伴侣关注的持久战，我再也无法容忍了。我知道，自己才是最重要的，我不会再将就，而我的伴侣也从我这里领会到了这一点。"

"如果每一天你都尊重自己，遵从自己内心真实的感受与想法，你就朝着受人尊重的路上又迈进了一步。"

"上段感情结束后，我意识到，如果不处于恋爱的关系中，我就会觉得人们会把我看作一个失败者，而我就是因为这个才谈恋爱的。现在我做着自己想做的事，创建着自己的新生活，我发觉我想用更多时间（也许是几年）慢慢地了解自己。至于他人怎么想，都没关系。"

"我一直把约会当成是恋爱前不得不做的事。而现在，我只把约会看作是一种学习体验。"

"我来自一个思维固化的大家庭，不过我知道，每当我不再只是通过家人的眼光评判和我约会的女人时，我就是在进步。现在，我把家族的那一套价值评判留在家里，直接就去约会了。"

"在下一段感情里（如果能遇到下一段感情），我将只接受在意我、珍惜我的人。我有我的缺点、问题，但我在完善自己，所以，我不会再接受'得过且过'这样的思维

定式了。再遇到类似的事情，如今我会回应："好遗憾，我
不适合你，再见！"就这样结束。"

分手以来，你做的所有功课都会使你成为更好、更强大、
更健康的人。你会慢慢了解自己，弄清楚自己想要的是什么，
以后的方向是什么，该怎样到达。有人会惊讶地发现，当自己
习惯了一个人的生活后，日子居然过得相当好，于是他们想多
过一段单身的日子，虽然在某些时候，他们还是会想约会、想
恋爱。处于这个时期的大多数人都会有些疑问："我怎么知道自
己是否可以约会了呢？""我怎么知道自己是否做好了谈恋爱的
准备呢？""我怎么知道我是真的享受单身，还是害怕得都不敢
走出去试试看呢？""碰到那些认为我应该做出改变的人，我该
如何应对呢？"

无论你已经准备好考虑约会的事，抑或只想搞清自己到底
是在享受生活还是逃避感情，迄今为止，你做的所有功课都有
助于解答这些疑问。本章会给出一些方法，审视你所做的功课，
以找到更多解答。

恋爱，还是单身

依照前面的计划，应该有好多资料可供你进行回顾了：日
记、关系梳理清单、目标工作簿，还有其他各种功课、指南。

在理想的情况下，你已经对自己当下的状态、过去的状态及未来的方向做了记录。评估恋爱准备状态时，这些信息非常有用。

单身

即使你的目标是要找到另一半，认识到单身是种可接受的生活方式同样很重要，无论你是一个人生活，还是与家人、朋友在一起生活。在成为一个好伴侣之前，你必须先学着过好自己的单身生活，同时明白，单身并非一种惩戒，也不是一种不良的生活方式。健康的状态意味着认识到单身生活的快乐与好处，而且凭自身力量打造理想生活，这是值得骄傲的。

过单身生活的第一项挑战是将他人对此怎么想或怎么说置之度外。也许他人会假定你希望处于亲密关系中，所以在找伴侣方面给你施加很多压力。同时，你可能还会感受到来自社会的普遍压力。评估一下，什么才是对你最好的，抵制那些认为你应该"重新投入感情里"或尽快找到那个"唯一"的人的看法。不管你的朋友、家人、主流媒体或大众文化如何宣扬，有另一半不一定就意味着幸福。

数据显示的情况恰恰相反。现实并不乐观，一婚人群中有很多人以离婚收场，二婚人群中有更多的人劳燕分飞，而非婚姻关系的伴侣的分手概率甚至更高。那些多年在一起的伴侣，其中有很多人是出于互相依赖，或者不承认事实上过得有多糟糕。还有人守着一段不如意的感情是出于对未知或对单身的恐惧。所以，应该这样说，二人世界并非总是幸福生活的代名词，"从那以后幸福地生活在一起"只是一种桥段，即使是"从那以后"真的有幸福，也并不总是会一直幸福下去。

但这并不是说你就无法攻克难关。要想与另一个人在一起生活是快乐的，重要的前提是你自己一个人生活时也是快乐的。你之所以投入诸多时间、精力创建新生活，其中一个原因是，成为强大的、健康的人能让你吸引自己的同类，包括朋友和恋人。反之，如果你受不了单身生活，或者认为只有恋爱了才能被社会接纳，你就往往会选择将就。如果你无法自立，就会吸引那些同样无法自立的人，你们的感情就会是建立在不健康的依赖之上。学着一个人生活的一大好处就是你可以选择让哪些人（朋友、爱人、家人）走进自己的生活，你是站在有力量的那方来做选择的。

我去年做了一个培训，讨论内容包括花些时间独处，把哀伤进程走完，事情就会好转。一位学员在课间找到我说："可是我无法忍受那种令人窒息的静默、孤独与无聊。"还记得积极的人生态度与自我对话吗？如果你把独处定性成"令人窒息的静默"，而不是"上天赋予的安宁"，那么一个人待着就会很难熬。请你把平静看作生命自行流转的声音，写些关于独处的积极的肯定语吧。

请学习独处，这是一种与众不同的自由。独处意味着你自己一个人可以生活得挺好，自然不必与一个并不善待你的人拴在一起。学习独处意味着，如果要进入一段关系，那么你知道不管这段关系如何，你都能安然自处。要知道，能够独自把握自己的生活将让你拥有自我尊重，而这种自我尊重也是要求他人以尊重的方式对待你。

接下来要谈到的是：如果与自己相处不来，你就无法找到对的人。从第 5 章开始，我们就在做自我接纳的工作，找出我们喜欢做的事，培养自己的兴趣爱好，尽情享受对自己的宠爱，结交新朋友。独处意味着你不再害怕那些令人寂寞的时光。健康的人会学着和孤独的时光共处，而非刻意地逃避它们。健康的人能够与无聊、躁动不安和不舒服的感受共处，而不会被迫马上去缓和它们。只是学着顺其自然，与静默同在，与平静安然共处。

无论你是想要单身一段时间作为探索约会、感情世界之旅的中转站，抑或已经决定先过几年的独身生活，你都要学习创建你的个人空间，并致力于此。拥有经营好自己生活的能力会让你有种安全感，那就是任何身外之物都无法让你未来所有感情与努力的结果好太多。你开始秉持着坚定的态度，你可以把自己与自己的生活照顾得妥妥当当。

这样的态度将吸引那些合适、健康的人。一位学员告诉我，当她花时间学习独处，创建属于自己的生活后，不可思议的事情就发生了。她有了更多兴趣点，遇见了更多的人，生活过得很充实。

一旦你有能力独处和过好自己的生活，你就会遇见很多同类人。他们同样能够独处，能过好自己的生活，人生将变得多姿多彩。你碰到这些人，去到不同的地方，生活是这般心旷神怡。想歇歇脚了，可以看看书，也可以回家。可以与平静的时光和谐共处，同时也可以享受新朋友带来的快乐。真是相得益彰。

当你能与自己和谐共处后，你将吸引那些拥有充实、丰盈人生的、独立自主的人。朋友关系、工作关系或恋人关系方面皆是如此。你不会形单影只，相反，你将拥有更多朋友，参与更多活动，这将超过你的想象。花些时间，创建自己的生活，人生将会充满惊喜。

约会

若你的生活在很大程度上开始恢复常态，你的感觉也不错，这可能就是重新考虑约会的时候了。重要的是要以积极、放松的态度对待约会，毕竟，如果你把约会当成评价他人或被他人评价，抑或仅仅当成谈恋爱的前奏，那么你的约会时光就会比较难挨。

约会提供了锻炼自己观察技能的机会。把约会当作你在学习熟悉新的人、了解潜在的恋爱对象，这样就不会觉得有压力了。如果你不担心被评判，抑或试图确定自己和对方在郊区能否买一套房子，你就会更加放松，这对彼此都会是一段愉快的经历。

约会也会给你提供更多个人信息。通过观察自己与潜在恋人的互动情况，你将为正在进行中的自我评估搜集到更多信息，这将让你知道，自己成长了多少，协助你判定还有哪些功课尚待完成。记着，无论约会结果如何，你都在学习观察，学习做自己，并乐此不疲。

健康约会 15 条规则

1．尽情享受。约会不是件苦差，也不是你在空窗期必须"经受"的事。把约会当成去新地方、结识新人的契机。如果你觉得某个人不适合谈恋爱，你们还可能发展友谊。

2．保证安全。前几次约会时随意些，一起吃个午餐或喝喝咖啡。这样能缩短外出时间，也没那么正式。公共场合见面时，周围要有他人在场。安全比礼貌更重要。如果你开始觉得这个人不对劲，请相信自己的直觉，尽早脱身。找个理由就走（或者理由也不找，直接从侧门离开）。还有，不要把住宅电话、住址给刚认识的人。这些建议不是为了吓唬你，只是提醒你注意安全。

3．出门前，坐下来放松一下。如果你很健谈，试着收敛些，多倾听对方。如果你一向害羞、寡言少语，试着多主动开口。保持轻松愉快的聊天氛围，别把内心深处的、令人费解的秘密和盘托出，也别谈论前任，即便你约会的对象在谈论自己的前任，更不要谈论你与前任的纷争。如果对方专门问及这点，要你谈谈之前的感情，轻描淡写就行。建议事先打个腹稿，以备对方问到。你可以说："我们志向不同。"如果对方继续施压，想知道更多，你就说自己真的不想把约会时光耗费在这上面。留意对方看到你有所抵触时有什么反应。

4．学习听取他人真正在表达的意思，而不是你期待对方说的话。留心头脑里的那个"撒谎机器"。（"哦，你喜欢巧克力冰激凌啊？我也喜欢！"）同时，要留意对方是否容易将所有你们可能合得来的地方一笔带过。你们之中有谁在歪曲事实，把一切都往彼此合得来的证据上靠吗？在关键事情上有共同点当然重要，不过，喜欢同款饮品之类则不在此列。

5．早期约会时，勿进行过多自我暴露。坐下后，想想自己真的喜欢这个人吗，而不是想这个人喜不喜欢自己。不要坐立不安，不要猜对方在想什么。约会早期最重要的是你怎么看待对方。时候到了，再透露自己的秘密或其他重要信息。如果有些事情是你想让即将和你在一起的那个人知晓的，就告诉对方。约会三四次之后，可以实事求是地讲出来。不必非得在第一次约会时就全盘托出，事实上，也不该如此。你的个人信息很宝贵，守好它，慢慢分享。但是，如果的确有很重要的东西要告诉那个准伴侣，也别迟迟不讲，拖到让人觉得不真诚的地步。

6．从约会之日起，别没完没了地聊天。你需要时间了解、考察此人。不要才与对方见了一两次面就频繁地发邮件、发短信或煲电话粥。慢慢来，别总是聊个没完。

7．前几次约会，不要有太多肢体的亲密接触。太多肢体亲密接触会使你曲解真相。与精神和情感上的契合相比，身体上的契合要常见得多。别把身体上擦出的火花错解成真正的契合。

8．每次约会后，在日记里写下你的反应和回应。自上段感情以来，你有所变化吗？有什么与你设想的不一样的启示吗？你还需要在自己身上下哪些功夫呢？记下在这个人身上发现的任何预警信号。如果这些危险信号确实存在，就到此为止吧。不要试图辩解或找些理由把这些信号抹掉，直接放弃吧。审视与你约会的那个人，搜集下线索，看看自己有哪些进步。即便这些人不是"谈恋爱的料"，如果他们人挺好的，你可能还想继续来往。一名博客读者写道，最近他约会的所有女士都是刚刚离婚的，这让他很忧心。他参加过"走出过去"的培训，也相信我所说的"物以类聚，人以群分"。他犯愁的是，这些女士中没有一个像是准备好要谈恋爱的。他问道："她们的婚姻状况是不是反映出了我现在的状态呢？"我说，我觉得是这样，可这不见得就是坏事。如果吸引你的或被你吸引的人出于某种原因没有做好正式交往的准备，但似乎都很体面、真诚，那就好好享受吧。出去走走，痛痛快快地玩儿。这也是个过程。这不是要你玩暧昧，而是要你认识到，你没准备好，他们也没准备好。不过，你们依然能够互相尊重，同时享受彼此的陪伴，而不必太较真儿。

9．如果彼此都有好感，慢慢来。在关于你们的感情发展做出任何决定之前，允许自己有过几次实实在在的约会，见过面，一起出去过，一起回过家。但不要上床，不要同居，不要借钱，也不要开始谈恋爱。在坠入爱河之前，弄清楚这是不是你真正想要的，弄清楚你们之间是否真会如你预期的那样发展。

10．不要被迫让关系进展过快。如果对方对你的慢节奏有意见，你可以说："我是需要慢慢来的。要是你觉得太慢了，请跟我明说，我们可以就此不再见面了。"你并不想和一个强人所难或占有欲很强的人在一起。你想要的是一个尊重你的界限的人。这个人不等你做好准备就勉强你的那一刻，你就该大踏步地找"下一个"了！这是你要退出的信号。

11．如果你对任何人都不心动，也没有人对你心动，你很容易觉得这辈子只能这样了。但这不是真的，也不是建设性的思维方式。不要灰心丧气，也不要太往心里去。也许你还没做好约会的准备，而他人也认识到了这一点。也许你选择的还是以前那类错误的人。对你喜欢的那类人再重新思考下，因为以前选择的这类人可是让你伤透了心。

12．别管将来如何。如果约会很糟糕，不要理解成自己这辈子都只能一个人过了。即使约会很顺利，也不要就开始挑选礼服、婚礼上瓷器图案什么的。你接下来的人生不一定是就此开启的。约会不顺利，也不表示就世界末日了。无论如何，就当成是生活里普普通通的一天。约会就只是约会。放轻松些，以平常心对待一切。一旦你不再对约会感到失望（包括相处不愉快、没能找到完美伴侣），你对约会就会更得心应手；你不再那般执着于结果，而是更积极地对每个人进行考察，更留心你对这个人的反应所传达的信息。

13．接受拒绝，不要自我评断。如果你发起了在线聊天，而对方看了你的照片就中断了，别太当回事儿。这并不表明你没有魅力，只是你并非对方中意的那个类型。即使对方不想再见你，也不要觉得自己有什么问题。成功约会的唯一方法就是不带有期待，也不把约会不顺利归结为个人原因。约会不是被接受或被拒绝的问题，约会是要让你找到对的另一半。

14．无论发生什么，都别把一次差劲的约会视为糟糕透顶的事。如果你遭遇了地狱般的约会，你可以把它变成朋友之间的谈资。也许近期做不到，但未来某个时候你一定可以把它作为笑谈。不管是没能找到令自己心动的对象，还是一连串的约会都落空了，都不要太当回事儿。

15．不断地肯定自己，无论发生什么，你都安好。即使约会使人想到了前任，你还是好好的。即使约会让你觉得自己有问题，事实上你也还是好好的。不论发生任何情况，请记得，这没什么大不了的，你依然安好。

不管你约会有多长时间了，请记住这15条准则。这些准则会让你脚踏实地，而不必管他人的想法。请你关注自己，关注当下的实际情况。

分手之后的初次约会与交往

经历了一场分手并度过一段单身时光，再"走出去"就会比较困难。分手后的初次约会可能会出现一些典型反应。

1．我不喜欢这个人。没关系。记录下不喜欢的原因。是因为这个人与你的前任迥然不同，还是对方的确有些地方不适合你？别急于下判断，你们刚认识，要给对方留出展示自己的机会。如果对方真的不适合你，记着要与对方设置界限，结束关系时要有礼有节。

2．这个人不喜欢我。重申一遍，拒绝这个拒绝你的人。别太介意。如果你往心里去了，开始对他人的不喜欢感到敏感，这可能是你尚未准备好约会的信号。即使约会几次之后又得出自己还没准备好的结论，也没什么。要真是这样，可以回头做前文所述的功课，这样，以后你再出去约会就更加自信了。

3．我又回到了哀伤的阵痛里。这些有可能是残留的哀伤。因为约会预示着你真的在往前走了，这一页翻篇儿了，抑或表明你还没做好约会的准备。至于是哪一种，需要视情况而定。在弄清楚之前，你或许还需要第二次，甚至是第三次约会。还是要对自己温柔些。如果需要撤退，就撤退。不过，别认为自己永远都无法准备好了。你只是还需要些时间来恢复。

4．我这辈子都只能单身了。即使你已决定要轻松对待，约会也可能还会很艰难、让人很受伤。真的开始约会后，人很容易变得消极，因为约会让我们直面自己最糟糕的习惯，原本自我感觉良好之处也可能顷刻消散，只看到自己一无是处。试着退后些，重新培养自己轻松处世的态度。当你的态度变得消极时，你应该歇一歇，练习下自我肯定。

5．到底为什么还会搞成这样？利用约会测测自己还需要做哪些内在功课。你是否一约会就变得不是自己了呢？你的自信心依旧脆弱吗？为了使约会成功你是否过于费心了呢？为了让对方喜欢你，你有迎合对方吗？把这些问题记下来，好好想想，但确保这件事是为了自己，而非为了别的谁。

约会让那些你意识不到的残留的哀伤泛起，这很正常。记得我有一回与新认识的人出去约会，忽然就想到了 6 个月前分手的那个家伙。我们去滑旱冰，我滑得太快摔倒了。他真的是个很好的人，把我扶到我的车那边，说："那我们还要来吗？"我说："什么，还要让我摔？"他笑着说："不是，我是说出来玩。"我说："好啊。"然后，我就上了车，痛哭了一场。

我的那个前任并不是一个让我后悔没有好好珍惜的人，可我还是为他哭了一整宿。我们好几个月都没讲话了，可我还是想给他打电话。连着几天我都在同想和他说话的强烈冲动作斗争，过了些时日，我才答应与上次滑旱冰的那个人一起出去玩。

这次出去，我一直都很放松。经过四五次约会，我发现我确实挺喜欢他的，对前任的念想也渐渐消散。我和他在一起四年了，他以一种前任从来不曾做到的方式陪在我和我的孩子身边。

后来我们确实交往顺利，但我第一次和他约会后很害怕也是事实。也许与新人出去，表示我在往前走，抑或仍有某些残留的哀伤。无论是什么，它都没有其他意义，因为这与我对前任、对约会对象的感觉如何无关。所以，不要太看重与新人约会一次后对前任产生的任何感觉，不管你做什么，千万别联系前任！

前期约会不要投入太多心力。你对这些人不了解，他们对你也不了解。你还在考察，还在学着累积经验。放松点，拿出信心去尝试。当你能够坐在一个人对面的，请反观内心："这就是真实的我。现在，我来看看你，看自己喜不喜欢你。"这才是要认真培养的心态，要循序渐进，而不是"装模作样"（连自己都不相信）或心高气傲（自我在横行）。亮出你的自信，时刻相信自己。

恋爱

功课做完了，你就可以考虑找个新伴侣，进入正式交往。写梳理清单时，你会发现许多关于自己过去、自己感情的信息。

借助这个过程，你能看清自己哪里有问题，哪里需要修正。但愿你已经重回过去，解决了那些未尽事宜，也完成了部分内在课题，而不至于让其蔓延至以后的感情里。你有自己的朋友、自己的兴趣，有良好的自尊，你是个立体而丰富的人。你也曾体验独处，也有过一些轻松的约会。现在，是时候把这些自我认识落实到行动中了。

正如为实现所有的其他目标你要有所努力一样，感情也并非一蹴而就。好好想一想，写一写，做个计划。首先，回顾你的关系梳理，思考下自己想要一份怎样的感情。你要知道自己的立场。你的底线是什么？界限有哪些？什么是你能接受的，什么是你不能接受的？什么是绝对没商量的？感情上哪些方面你愿意妥协？哪些方面不会妥协？把它列成新的清单。好好想一想，你希望未来的感情有哪些保证。

其次，发誓无论如何，都要忠于自己的信仰、价值观与标准。你想要的是个珍视你的人，如果你发现和你在一起的人做不到，那你就要决定放手。你可能会遇到不少对你有吸引力的人，但他们并不一定适合你。他们可能想要改变你，或者你想要他们在某些重要方面有些不同。你可能会遇到挺好的人，可他们就是缺少了你看重的东西。有些人挺不错的，也对你有好感，可相处下来，你发现彼此有太多地方合不来。请放手。不要赶鸭子上架。就这样，向前走。虽说任何成功的感情，都要做出必要的让步，但为了寻求爱就违背做自己的原则，将会彻底阻碍你在生活、爱情上取得成果。

健康的人知道自己是谁，想要什么，知道放弃重要的东西和做出让步之间的区别。刚开始你很难在二者之间取得平衡，时间久了，你自会懂得。了解了自己，你就会更倾向于，也更有能力在自我、感情方面都能做出正确的决定。

身处一段说好不好、说差不差的感情里才让人难受。碰到这种情况，许多人都会选择硬撑着，撑到关系恶化，可你不必如此。或许和你在一起的那位挺好的，但如果这不是你想要的，大可早点脱身，省得日后煎熬。感情也是种梦想，可如果这并非你要的梦想，就结束了吧。

恋爱早期

在同新人约会的前几周里，你应该评估一下在这段关系里你有多大程度能做自己。这个人有过多地占用你的时间吗？自从开始与这个人约会，你是否晚上还照常有时间与朋友聚聚呢？一位学员好不容易才走出分手的阴影，总算和一位她觉得不错、有好感的男士开始约会了。然而，过了几周，这位男士表现出嫉妒心强、过度干涉她的一面。虽然感到难过，她还是结束了这段关系，同时对能够做到善待自己感到骄傲。即使她担心自己再也遇不到其他人了，她也明白，与其同一个控制欲强、缺乏安全感的人在一起，倒不如一个人自在。她做的功课得到了回报。让这种好事也降临在你身上吧：对生活中的情况保持觉知，充分地信任自己，在感情上要宁缺毋滥。

开始谈恋爱后，继续访友，发展个人爱好、健身、独处，这都是很重要的。的确，新的爱情很美妙，但需要时间考察。不要想当然地认为，你的朋友会理解，也别认为就不必出去工作了，不用上美术课程了。利用和恋人不在一起的时间，审视一下这段刚刚萌芽的感情，确定这是否就是你希望的全部，确定这段感情是否能让你完全做真实的自己。如果不是，请你三思。

够好了吗

你接受怎样的，得到的就会是怎样的。所以，记住自己的标准，以及曾经在做前面各章的功课时列出的可接受、不可接受清单。记住，"比上段感情好"不总是意味着够好了。我离婚后交往的第一个男朋友在好几个星期不理我之后忽然给我写了封信。我不清楚为什么我们这么久都没讲话，他也懒得向我解释，就不见人影了。看到他亲手写的信，我很激动。他给我写信了，一切都还是好好的呢！他在信中写道："别放手，我们要活在当下。不久之后我们会相聚的，这样分别后的重逢会让我们的感情更浓烈。"这之前我连着几星期都因他的突然消失而郁郁寡欢，想知道他究竟是怎么回事儿。收到信后，我跑到治疗师那里，因为她曾试图说服我，像那样消失的男人就得果断放下。我得意扬扬地冲进了她的办公室，让她看那封信，以此证明那个男人是爱我的。

她读了信，看着我兴奋的面庞，把信丢到桌上，开玩笑地说："还真有创意。"我听到幻想破灭的声音，是的，那声音就像来自很遥远的地方。我愤怒地问道："比起前夫所做的，这已经好太多了。怎么，还不够好吗？"治疗师回答，如果我觉得"够好"，那就可以算是。但是，如果我想要的是个爱我的人，真正爱我的人，那么这就并不够好。"比上段感情好"未必就是够好了。只有持续的、无条件的爱才算够好。我从来没有听过这种论调，我也不确定自己信不信，但有生以来，我第一次开始了解，挺好不一定就是够好了。如果我愿意将就，那我就只能得到将就的生活。尽管学习最大限度地被爱需要些时间，但是，你可以从说这句话做起："是的，是挺好的，但还不够好。我想要更好的，也值得更好的。"这就是你必须坚守自己标准的原因所在。

热恋了，也要保持高标准

我曾经有一个从朋友发展来的恋人。我们关系很亲密，可是各自都特别忙，无法妥善安排见面时间。我俩之前都在研究生院读书，在校期间会在晚上见面，每两周末一次。可是毕业后，我们的时间就完全凑不到一块儿了。所以我建议弄个时间表，就像上学时候那样标注一些我们可以碰面的夜晚，可他对这个提议表示反感。我是想提出些合情合理的、可行的方案，他却立刻反对，总认为到时候再说。

这种情况折磨了我几个月之后，我才被迫意识到，这个人是不会致力于经营我们的感情的，所以我只能放手。我也意识到，除此之外，没有别的办法对他管用。他只想日复一日就这么糊里糊涂地过下去，并不会同意我的任何提议。即便我有条不紊地解释，反复地讲，我的生活不能那样下去，他也不给商量的余地。我还有三个孩子，三份工作，所以我的生活必须有规划。没有时间安排是不行的。他对我的担忧不做任何考虑，只是盲目地凭自我的感觉行事，并且想让我也按他的方法行事。

那段时期，我一度找到我和他的一个共同好友去宣泄不满。这位朋友说："感觉你是在做无用功呢。"还真是一语中的，这种事确实费力、费心，还没什么意义。是时候结束了。

虽然与这个人分手是我做过的最艰难的选择之一。但如果我只是提出一个计划就要被误解，被不公平地指责在试图"控制"感情、不知变通和"小题大做"，我确实难以忍受。我厌倦了我尝试解决我们的问题时却受到这种侮辱。不管和他一起发生过多美好的事情，现在都不美好了。我再也受不了了，就这么把我折腾来折腾去的，太可笑了。

我只能衡量出我自己的感受，以及他对我的指责。我觉得自己好像并非他所指责的那样，试图去控制他，我只是想要稍微对我自己的人生有所掌控。当我想善待自己却没有一本书能够对我所面临的特定问题给予指导时，我就很容易进入自我防御的模式。没有一本书告诉我："如果你的男朋友不想和你一起讨论时间安排，那么就和他分手吧。"就算已经到了抓狂的地步，我也必须弄清楚自己到底能不能接受。

当时比较蒙，但经过冥思苦想，我很开心自己有了对策：放手。这就是了解自己的好处。如果我相信他说的话，就这么一天天过下去，如果我相信他是对的，相信我是错的、控制欲强，那我就很可悲了。在进入一段关系之前，要先明了自己的界限，这会让你更容易在对方越界的时候有所察觉。

这段感情之后，我参与了一连串约会，还有"迷你恋爱"场合，可是我对遇到的每个人都不怎么满意。这个太吝啬了，那个脾气不好，另一个又太古怪了。朋友对我说，是我太挑剔、标准太高了。可我决定，自己宁可单身，也不愿做太多妥协。不要让他人来定义自己，或者告诉你什么是"够好"。如果任由他人定义自己，那么人们只会不断地告诉你，什么行，什么不行，你在哪些方面太挑剔了，或者你对哪些东西是没有权利反对的。请不要把自己的标准搞成投票表决。知道自己喜欢什么，不喜欢什么。坚持到底。

到最后，我开始觉得，单身对我而言没什么大不了的。我有一张与孩子在那个时候的合影。两个小儿子刚刚八年级毕业，照片里的我笑得很开心，我们彼此拥抱着。我知道那时候的自己是快乐的。即使单身，我也过得挺好。我不知道能否遇到符合标准的人，不过也没关系，唯一要紧的是，无论如何，我都坚守自己的标准。

要么接受，要么改变，要么离开

在哀伤处理过程中和独处时，不断地肯定自己值得被爱、被呵护是很重要的。肯定自己不去将就也是很重要的。要善待自己，需要你学会做出选择。不管是你碰到的状况，还是你面临的难题，只要它们令你痛苦、头疼、愤怒与不安，你都有3种选择：接受、改变或离开。把这3种选择想清楚了，最佳答案自会水落石出。

接受。看看这种状况，发现自己真的无能为力。你曾试图改变，可又改变不了。人们也许会说，你该离开，可是你不想离开。那你就必须致力于真正接受事实，接受现状就是这样，以后也会这样持续下去。接受就意味着你必须放弃所有改变现状的期望。

改变。你可以试着改变现状。如果涉及的是感情，可以接受咨询。如果涉及的是工作，你可以调换工作。如果涉及的是家的问题，你可以搬走。如果涉及的是家庭成员的问题，你可以划清边界、设置界限。多数人会把大部分时间都用在"改变"与尝试上，屡次三番地尝试改变现状，也相信它真的会改变。你需要对自己诚实，考虑下自己是否真能改变它。是否因为你接受不了，也不想离开，就欺骗自己能够改变它呢？

你有发过最后通牒吗？如果你不打算践行到底，就永远不要发什么最后通牒。你有明确指出，如果改变不了，你就会走人吗？还是说你只是讲了些唬人的空话？你是否喋喋不休或气得脸色发青了呢？如果你已经做出了改变的尝试，却没有取得效果，那么你就必须在接受与离开中二选一。再没有其他路可走。

离开。如果曾尝试改变却没有效果，曾尝试接受却无法接受，那就是时候离开了。也许离开很难。也许你试了试，或许你觉得实在做不到，于是就又回头尝试接受它。复杂情况处理起来确实不容易，但是，当你了解只有这 3 种选择时，就会轻松些。如果改变不了，就不要把太多时间和精力耗在"改变"上面。对自己诚实点，审视下自己的动机。

我们的目的是要和自己乐意接受的人在一起，做自己乐意做的事。那就朝着这个目标努力吧。如果你发觉自己身处不理想的情境中，先判断什么对你最管用。唯一的额外选择就是，持观望态度，决定不做选择。这意味着你的日日夜夜将会在迷惘与踟蹰中度过。当然这只是暂时的状态，不要以为自己会一直这样耗下去。如果你还在说"我应该离开，可我力不从心"，那就先不做决定。然后在某个点上、某个时候，当你需要做决定时，记得只能从这三种选择中择其一。

真爱的"是是"与"非非"

爱是种行动。

斯科特·佩克

真爱是自我扩展的永恒体验。

斯科特·佩克

完成各种梳理工作后，你应该已经准备好把不健康的感情抛在一边了。不过，你大概还不确定真爱是什么样的。简单来说，爱，如其所为。

我问客户、培训课程的学员与我的读者，我对他们讲过的最有帮助的话是什么。"爱是种行动"这句话排在前三名。我第一次听到这句话时，是有些惊讶的，意即重要的是你做了什么，而非你说了什么。后来，我发现人们听到这句话很欣喜，他们会以此作为生活里的测量仪，用来检测人们是否真的爱了。爱，不是看你说什么，而是看你做什么。他们还提到很重要的一点，就是好的感情会让你的人生得以延展而非萎缩。而那些不良的、破坏性的恋情则会让你的生活变得狭窄，因为你在失去重要的东西，如睡眠、家庭、朋友、物质、金钱与工作时间等。你还会失去自尊、自信与清晰独立地思考问题的能力。然而，这并非爱的模样，也非爱之所为。不健康的感情根本不是关于爱，而只是在企图赢得过去的斗争。

当你终于遇见了那个在言行上都会敬你、爱你的人，你的感情将会彰显出全新的意义。你的人生开阔起来了，因为你在单身时获得的有关自己的一切依然会被尊重、被呵护，而现在你还有了能够共同分享的伴侣。爱会将你安放，容得下你所有的兴趣与义务。你为了爱去给予，并不是出于被要求而给予，当你支持对方时，你会发现对方也在支持着你。

真爱是健康的，不会让你离开什么人，什么地方，也不会使你失去健康、睡眠或胃口。真爱不会主动或被动地要求你放弃自己的朋友、爱好或兴趣。事实上，真爱鼓励独立，倡导从其他人、其他地方与事情中充实自己。当你是健康的、身心和谐的人，你那位健康、身心和谐的伴侣也会信任、支持你，而不会有意无意地吞噬你。

如果你的恋情正在让你失去自己的朋友、家庭或孩子，那么你需要考虑下这段感情的真实面貌。不要动辄责备朋友、家庭与孩子。如果你的伴侣总想让你选择他 / 她，而不选择生活里的其他人，或者即使没有明确提出要求，却总是有那个意思，那就不对劲了。真爱不会剥夺你所喜爱的事物或你爱的人，也不会强迫你做出取舍。真爱会鼓励你与朋友、家人和孩子享受有品质的个人时光。他人的滋养与关爱会令人充盈起来，而这反过来又会给本有的爱情增添味道。

真爱不会让你忧虑、等待，怀疑明天会怎样。而处于不健康的、破坏性的感情中，你总是要提心吊胆地等待结果。当你健康受损时，不安就会攫取你的注意力。当你的注意力被占据后，你就无法思考是要离开，还是要改变现状。相反，你全部心思都被那个情绪失衡的伴侣攫取。当你不停地在争吵与失调中纠缠时，就很难有精力选择离开。

真爱不耍心计，不含糊其词，也不被动攻击。倘若感情里存在这些问题，很可能你已经有过一两次抓狂的感受了。这类恋情最终会把你搞到精疲力竭，以至于无法活出生活的最佳状态。这是一种破坏与萎缩，而真爱应该是种自我扩展的体验。如果你发觉自己处于此类情境中，那就是时候做些评估并走出来了。

在20世纪70年代，有一部令人伤感的电影叫《爱情故事》，当时的宣传标语是"爱意味着从不说抱歉"。尽管这句标语在后来几年里饱受诟病，却在某种程度上道出了爱的真意。真爱，无须常常说抱歉。这与"爱不说抱歉"并非同一个含义，因为控制欲、愤怒感最强的那些人也从不道歉。相反，真爱是无须常常说抱歉的。真爱关乎善待自己，善待伴侣。在真爱里，这些方面得以平衡，所以很少会起冲突，也鲜有道歉的必要。

真爱不会捣鬼，不会口是心非，不会当面一套背后一套，不会落井下石，也不会让你永无翻身之日。真爱不会不停地妄加评判，指指点点。真爱不会使你觉得自己很糟糕。请记住这些，设定高标准。记住，真爱会不遗余力地让你的生活更美好。

别将就。

结语

不管你是在学着独处，尝试开始约会，或已经进入新恋情里，记得要做真正的自己，不要忘却那些做过的功课。无论如何，都要接着做功课，这样你无论是否在恋爱，都将收获累累硕果。

第 10 章

读者来信和提问

有些问题具有普遍意义，
精选的信件能在你的疗愈之旅中
给予你温暖和支持的力量，
帮助你早日走出分手的痛苦。

下面是我从"走出过去"博客读者与"走出过去/分手疗愈"培训学员的来信中选出的最具普遍意义的一些问题。其中有的已发布在博客上，有的没有发布。

第一封信：大家认为是你导致了分手，所以你想挽回

> 我觉得面对现实、走出过去对我来说几乎不可能。我和一个男人订婚了，可是他的有些方面令我困扰，尽管如此，也不能改变我爱他的事实。我有些疑虑，就把婚期延后了。可是到最后，他说不认为我俩在一起会有未来，然后就跑去找他前女友了！
>
> 我猜想是我的疑虑与犹豫不决把他逼走了，所以我很自责，走不出来。但是，这个男人明明说爱我，说我是他在这个世界的唯一，怎么一转眼他就奔向前女友了呢？这什么人啊！如果您能就此做些解答，我将十分感谢。我还在自责，盼望他回头。对了，他还是想和我做朋友的。谢谢。

你意识到了进展过快，要求缓一缓，这本就无可非议。比起与一个错误的人拴在一起过许多年，不妨停下来，审视实际

情况。你的决定是正确的，并非无故而为，并不是你的决定导致了分手。有疑虑或犹豫很正常，健康的伴侣会把这种感受拿出来与你讨论。显然，你或多或少地认为这个人并非你的"良配"。请倾听内心的声音、给它发言权、让它被听见。不要因为那个男人离开了就用责备去碾压它。那个男人之所以离你而去，就像我在博客上说的，是他脑子不清楚，而非因为你做错了什么。

没有说一句"有什么问题，我们一起看看能否修正"，抑或"关于对确定婚期要做什么准备，我们可以谈谈"，哪怕是"那我们停停，好好考虑考虑"，那个男人就终止了婚约，奔向前女友，这可不是健康的回应。如果对方出于报复而为之（有这种可能），就更糟糕了。

做了这样明智的决定，就别再自责不已了。个人觉得这个男人像个自我中心的、被宠坏的失败者。不要再和他做朋友了。他看上去自私自利，这样的人没有能力当你的朋友，他只会在他期望的时间做他想做的事情。

你问我：这个男人明明说爱我，说我是他在这个世界的唯一，怎么一转眼就奔向前女友了呢？这什么人啊！我的回答是：他不是一个好的伴侣，不是一个健康的伴侣，也不是你想要的伴侣。你失去他，是好事。谢天谢地，你没有嫁给他。忘了他，做自己的功课吧。下回你会做得更好。

第二封信：网络空间剧情与社交媒体秀场

　　每过几周，我都会收到来信，说他们又卷入社交网络的剧情里了。不管我说多少回让人们远离前任的社交网络，他们还是会继续"偷瞄"，又往往因为看到的内容而备受打击。来信的人，男女老少都有。我诧异地发现，网络空间剧情原来是不分年龄、性别或性取向的。我会定期收到来自各个团体与各种背景的人的来信。

　　先声明，这不是对网络空间的斥责。网络空间本身不会伤人，是那些利用网络空间伤人的人在伤人。如果我们把社交网络当作工具，而非武器，那它们可以发挥很好的作用。但是，如果社交网络被当作武器，就会有人受伤，那么这些受伤者就需要学习远离让自己受伤的东西：前任手中社交网络这种工具。

　　你曾因自己在某人心中的地位改变而受伤吗？你最近有被"降级"吗？你的照片被撤掉了吗？你被新人取代了吗？你的内心被搅乱了吗？你随时跟进前任的每一个动态吗？你会解读对方做的每件事，试图弄清楚哪些内容实则是在隐秘地向你传递信息吗？你是否故意把什么内容放在主页上，想使对方嫉妒、愤怒或难过吗？

　　好了，停下来吧！停！停！停！

　　马上把你在各种社交媒体上的账号删了，还有其他你和前任能虚拟"会面"的虚拟社交账号也删了。或者也可以只把前任的主页屏蔽掉。你们俩都走出分手的伤痛之后，你大可再重新创建这些账号。但是，如果现在你不停地刷这些社交网页，那么你是很难让自己好起来的。正所谓"当断不断，必受其乱"。

通过这些社交网络或其他社交媒体来搞事情是不健康的行为。健康的人不会把时间浪费在给那些不确定是否会看的人传递什么"言外之意"。健康的人不会随意对网络空间里的照片搞小动作。健康的人不会无所事事，非搞清楚为什么自己的排名在下降。健康的人会庆幸自己得以解脱，可以及时止损了。所以，谢天谢地，你终于解脱了，那就到此为止吧。

你到底在看什么？你是想获得哪类信息呢？你怎么知道你所看见的一切（如你的照片被撤了、新人照片挂上去了等）是不是真的呢？挂上一张不真实的照片，与发布那些不真实的度假照都是同一个"套路"。

当你身处异国他乡，在倾盆大雨中摔倒在马路边上时，你会拍照吗？当然不会。

你会拍些自己在阳光明媚的日子里，坐在小船上，笑脸盈盈的场景。那么，网络空间与社交媒体上是什么情形？"快看我们，好开心呀！"这样的照片会让人产生曲解，常常具有误导性。人们不会在社交媒体上晒自己和伴侣的斗争、分歧，以及"拿冰激凌砸向他之后跺脚离去的情景"。人们不会在网络空间或社交媒体上晒自己与伴侣之间的种种疑虑、压力与问题，不会邀请他人来观看最近他们闹翻了的情节。无论是谁，都只会在上面秀出自己光鲜亮丽的那一面。所以，你就不要用自己黑暗的一面与他人光明的一面做比较了。

怎么才能知道自己没有被操控或被设计呢？

获胜的唯一办法就是不要耍心计。参与网络空间剧情与社交媒体秀场，你就是在耍心计。社交网站上面的我们并不是巴甫洛夫的狗，别一听到铃响就流口水。你明明需要强大，却偏要给自己输入偷看、生疑、发牢骚与破罐子破摔的程序。不停地偷瞄、忧虑只能继续将你耗干。回想一下"断联"原则：不要再痴恋那段关系，不要再管他人的想法。这样偷偷浏览对方的社交主页，不正是又活在对方的看法中了吗？

请远离键盘。走出去散散步（外面的世界多姿多彩，不是网络空间里那种虚拟的人生），写写日记，和朋友通通电话。做些建设性的事情。重新翻阅第5章。是时候创建自己的生活了，不要强迫性地查看前任的情况。你必须走开，确定自己真的受够了。享受生活，远离社交网站。上演网络空间剧情自己不也会难受吗？那就打住吧！

第三封信：写日记与写作时没有思路

这封信来自我的第一批培训学员，我把问题的答案吸纳进了后来的培训、日记写作工作坊与音频课程里。

> 参加您的培训真的很开心，我发誓第二天就着手写日记，可是，很长时间了，我都没什么思路。我应该怎样做才能"有思路"呢？

这样的情况通常出现在新手身上，但有时日记写作的老手也会面临这种没有思路的情况。尽管你可能觉得自己有好多东西想写，可就是写不出来。遇到这种情况，试试下面这些能让你"写出来"的技巧吧。

1．定时 10 分钟。拿起笔就开始在纸上写。就算是胡言乱语，或者"我也不知道在写什么"，还是去写。在这 10 分钟里，不要停笔，只管写。你要从头到尾让笔动起来。这叫作意识流写作。开始你会觉得傻傻的，坚持 10 分钟下来，最后你会文思泉涌。不论你是写日记的新手，还是每天雷打不动地写日记的老手，都可以时不时地进行意识流写作这种不错的练习。你会发掘出某些尚未意识到的东西，这样你距离疗愈就又近了些。

2．想想你最美好的一天，写写那一天对你有什么意义。

3．类似地，想想你最糟糕的一天，写写那一天对你来说都发生了什么。

4．随意选出多年前的一个日期。研究那时最流行的歌曲，那一天有哪些新闻，试着回想当时你在干什么。尽量重现你周边的场景是如何变换的。一位教练客户曾觉得关于过去的思绪、感受是"一团乱麻"。最近他开始购买自己年轻时候的旧杂志，以唤醒自己的某些记忆（包括好的或不好的记忆）。他说："有时候只是看到一条旧广告，就能激活许许多多记忆、感受，单靠自己是不大可能想起来的。"可以回看成长过程中喜欢的老商业广告或电视栏目。针对这样平平常常的东西写写，看看你会有什么发现。

5．培养在晚上或第二天清晨草草记录的习惯，以启动你的日记写作进程。如果你是上班族，就在家给自己发电子邮件，在手机上留言，或者随身携带一个记事本或小便笺，有想法冒出来就顺手写下来。让记录日常见闻成为你的习惯。

6．把日记和写日记的过程变成你的专属板块。我的一位学员会记录她每天做的事情、去过的地方及与她交谈过的人，甚至她吃过的菜肴。她很喜欢把写日记作为自己的日常项目。还有位男士对大家说，他喜欢在日记里写写画画。

> 在日记里涂鸦、画素描能使我更好地抒发自己的情绪。有一次，我一到咖啡馆就开始写日记。作为一天的收尾，我把餐巾纸上的餐厅商标撕下来粘贴在了我的日记本上。不管去哪里，我都会带着日记本。所以，我的日记本里就粘贴了这些小小的"纪念品"，有的是我自己弄的，有的是在去过的地方买的。

这些不错的想法可以帮助你用自己想要的方式进行日记写

作。你想怎么来都行！

第四封信：你在遵循"断联"原则，前任找你了

最近收到这样一封信。

> 3个月前，我按照您的建议开始实行"断联"原则。刚开始很难，与前任还有零星的联络，这让我抓狂。于是，我就不再去想他，当忍不住想中止"断联"原则时，就去写日记，到团体中结识新朋友。一切进展还算顺利。后来有一天晚上，他给我发了一个短信，问我能不能通过电话或计算机聊聊天。我当时有点蒙，没有答复他。第二天，我变得神经兮兮的，满脑子都是几个月之前的事儿。他再一次充斥了我的脑海。我想知道他想要什么，心心念念着我想对他说的话。我不想写日记，也不想出门。我只是窝在家里，设法联系他。我甚至都不确定是否真想联系他，可就是不想错过这个机会。或许他只是无聊了，失眠了，但我还是会不断猜测，也许他是真的想知道我在干什么，或者他想见我了。我觉得好像要从头实行"断联"原则了。可要我这样重新开始，也太难了吧。帮帮我！

这样的邮件很常见，我收到过许多类似的邮件，这些读者

在实行一段时间"断联"原则之后，前任主动联系了，搞得自己方寸大乱。有人觉得生气，有人感到被侵扰，还有人会因此再度体验分手的痛苦。不过，有些人偏偏喜欢这样，刚好借此可以把前任臭骂一顿，或者听听对方到底有什么话可说。还有人想得到一种自我安慰——觉得对方还想着自己，聊聊是否还能做朋友或是否还有复合的机会。不管是哪种反应，这些信中都提到了一个普遍性的困境：那个人联系我了，把我搞乱了，我不想遵循"断联"原则了。

在付诸行动前，应先花片刻时间把情况重新理一理。你不曾想到，那么多时日都过去了，前任一联系你，你的心居然就又乱了。在采取任何行动前，让自己先从诧异中缓过神儿来，给自己点时间，让纷繁复杂的情绪与想法自然呈现。之后，要记着下面几点，这样可以让自己换个角度思考问题。

1．前任打破了"断联"原则没关系。决心要保持"断联"的人是你。对方打破了你遵循的"断联"原则，这让你觉得烦躁，这是可以理解的，但不能意气用事。你把自己管好，接纳出现的任何情绪，保持正常节奏。但是，不要联系前任！

2．没有理由因为他人的一时兴起而受到伤害。你要掌控自己的生活，不要弄成随便一通电话、一封邮件似乎就能让你前功尽弃。想必你也不想赋予他人那种力量吧。现在不要，以后也不要。别当受害者。学着掌控自己的人生。你的命运由自己掌握，不要让他人替你做选择。

3．你们之间有些话没说完，这并不是联系的借口。也许你想借此机会把上一次与前任讲话后所想到的东西一股脑儿地表达出来。可你明知道应该怎样做的——有想说的，就写成日记，和朋友聊聊，找治疗师说说，或者参加支持性团体。

4．回顾你当初选择"断联"时正向的、健康的意图。你执行"断联"不是因为要对前任怒而不发，也不是要表明自己很强大，或者证明什么。你是为了自己的成长、疗愈而执行"断联"的。"断联"关乎你的尊严、你的空间，关乎创建你的新生活，这样你才能过好自己的生活，找到真正爱你、在乎你的人。

前任联系了你之后，大概需要几天时间你才能平复，不过总会平复的。在这几天里，每一种情绪都可能会出现，但你完全可以不依照情绪冲动行事。记住，如果前任将你的"断联"原则中断了，不要理会。我再说一遍，根本不要理会。

第五封信：周年纪念日的哀伤

一位老读者和培训学员的问题是这样的。

我一直做得挺好，可是分手一周年的日子快到了。我也不确定会怎样。您能略微讲讲周年纪念日的哀伤吗？

这个要因人而异。有人就跟没事儿人似的，而对有的人来说，则会诱发一场猛烈的情绪回潮，忽然之间，你不知不觉地就被泡在了情绪的高汤里。比较典型的是，最猛的"再度浸泡"会在第一个周年纪念日来袭。当然，其他间隙也可能出现这类反应。

周年纪念日的哀伤是自然现象。这标志着重要关系正在被斩断，它是来自幕后的情绪残余。过往记忆在进一步地脱落，那种归属感的黏着、那种分离的苦痛也在远去。这标志着生命中有些事、有些人不再重要了。

习惯是人类的一种生物属性。我们靠着日历生存，用不同的日期、场景给自己的生活打上记号。在特定的日子里，我们会庆祝或聚会。我们作为人类这一物种的生存方式部分是仰仗着在大大小小的共同体中建立起来的联结与群体感。共同体节日有新年（世界共同体）、寒假（个人、宗教共同体）、生日（家庭共同体）和纪念日（伴侣共同体），这些日子记载着生活的跌宕起伏。有时候，我们与世界同庆，有时候我们与另一个人、与一个个不大不小的团体共贺。我们都会去纪念、去庆祝，追随着各种日子的不同韵律和模式。这就是我们。在某种程度上，我们硬是会把这些日子与生活标记连到一起。

于是，失去的纪念日也成了一个标记。我们不只是感伤往昔，还因为这样的"日子"让我们被迫认清现实，幻想随之破灭。所以，生日那天（自己的生日或前任的生日），人们会感受到某种引力，即使理智上知道没什么意义，还是想要和前任联系。

在进入整合与接纳周期前，必须先要经历全方位的释放。其中就有一项是：看着一个个空荡荡的纪念日，了解到曾经有重要意义的东西已经飘然远去，感受着那些情感也随之消散。我们会不由自主地试图阻断这种情绪回潮。在这个人、这次失去、这段遭遇上面，你已经投入了巨大的精力。你本来感觉好些了，又开始享受人生了，实在不愿再去感受愤怒、悲痛与寂寞。任谁都不想倒回去，可如果你抗争，只会让情况更糟。所以，允许它发生吧，要知道，这不会一直持续下去。

第一次纪念日情绪回潮过后，就会好很多。尊重这个过程，让最后的哀伤残渣喷涌而出，那么很快就会回到上一年好不容易盼到的正常生活。而上面这封信的作者，几周之后就说她感觉好多了，自己已经过了纪念日这一关。

要知道，纪念日的哀伤与情绪回潮是必要的，它在颠簸的旅途上不过是昙花一现。通过了，你就会更强大、更快乐。当你正在经历纪念日哀伤，记得善待自己，今天、以后，一直如此。

第六封信到第十二封信：成功故事

开设"走出过去"博客不久，我就有幸见证了人们借助这些工具、实践这些方案发生不可思议的转变。下面只是我从收到的信和博客留言里面选取的一小部分。

　　分手的经历会一直保留在我的记忆深处，只是它不再让我痛苦。那一刻，我做过的所有努力在悄无声息中涌现。自从6个月前的那次分手开始，我做了很多心灵探索与哀伤处理功课。我的约会史完全是由短命的、注定失败的、要不断哀悼的关系构成的。在亲密关系梳理这个工具的帮助下，我（终于）意识到，所有的痛苦，甚至我的大多数恋情，都是因为我有残留的哀伤。在我的生命里，有许多破碎的（非浪漫的）关系，我从来不曾充分地表达过哀伤。所以，每当我与约会过的那些差劲的家伙分手，甚至是当我与精神潦倒/身心不健康的人之间那种一时快活的落幕，都会让我觉得似乎世界末日降临了一般。

　　那现在呢？嗯，我彻底从上一段感情里走出来了（其实已经走出来很久了）。不过更重要的是，我解决了很多导致我上一段感情失败的潜在问题。在过去的几个月里，我与不同的男人有过几次约会，都没什么结果。每当我发觉自己因为某人不打电话而过度不安时，我就会提醒自己，我的不安不是这种情况本身造成的，更多的是因为过去的记忆被激活了。我就把这些写在日记里，继续前行。

　　还有个大好消息，我拒绝了一些差劲的家伙，若换成以前，我是会欣然接受的。总之，看看我现在的状态，对比我去年的状态，我有了很大的转变。我觉得自己更强大、更明智了，也更稳重了。当我实在恐慌时（例如，觉得我遇不到那个人了，我要孤独终老了），我就会告诉自己，这只是恐慌，并非事实。我感觉自己在感情方面是有优势的，也终究会遇见那个对的人。我切实地知晓，时候到了，我自然会遇见他。那些功课做起来不容易，但绝对值得。

当我有超出吃喝玩乐的需求时，我就会觉得自己有问题。当我想和他谈谈未来的规划与承诺时，我就会觉得自己是个令人扫兴或内向孤僻的家伙。可是，我和他在一起都两年了，想要知道这段感情的未来，不是完全正常的事吗？

我想说的是，我从没想过把他忘了。有时候想到他，就觉得沮丧感笼罩心头。我觉得自己这辈子都只能选择一个不会迁就自己的人了，当时已到了这种地步。那么，是选择找个人凑合，还是选择我自己呢？首先考虑的应该是我自己。当你体会到这点，你就"走出"了这段感情。你不再为自己的渴望、需求与"问题"感到抱歉。你知道自己存在问题，但你已能与它们共处，对它们做了筛选与整合。当你这样做时，前任就会开始渐渐从你的脑海中消失。当你成为自己的头等大事，对方就再也无法在你的心灵、头脑里占据同样的空间。你根本不需要某个人来证实你的存在！你在这里。你本身就是存在。这真的不是一个要证明自己值不值得的问题。你本身就值得。

离上次发布帖子已经有好长时间了。几个月前，我会经常去留言。我大约是在一年前惨遭分手的。当人生方方面面都一败涂地时，女朋友离开了我。让我们快进到现在看看。目前，我还没有遇见什么人，也确实没试过很多约会。我开始攻读 MBA 学位了，GPA 是 4.0。

我学到了非常重要的两点。

1. 断联。越快适应并能持续遵守，你就会在越短的时间里感觉好起来。

2. 爱情是强求不来的。从分手之后，我认识的几个人都是在最不抱期待的时候遇见了想遇见的人。前女友是我一直盼啊，等啊，巴望着能够遇见某个人的时候出现的，最后也没走到一起。而这次，我只会顺其自然。

我们会因为丧失流泪，会因为某个人、某种梦想、希望、目标与失落而流泪，有时也会因为无所谓了而流泪。于我而言，无所谓的眼泪是一种痛快的洗礼。你仿佛把整个世界的重量都甩掉了，我先散了个步，又去跑步。我在日记里奋笔疾书，如同着了迷一般。我在屋里走来走去，我盯着墙壁看，我和朋友们聊天，累了就睡，睡够了就起来。能够让我想到前任的一切都已得到了净化。另外，"走出过去"博客上那些有趣的灵魂提出了其他建议，我也尝试过。

我真的信任这个过程，所以我能一直坚持"断联"，走起来也更轻松一点。我很好奇，当我穿过黑暗隧道之后，将会有怎样一番光景，人们那时又会说些什么。

不存在什么真正的大日子……静静地，就这样，直到最后，比起任何其他人，你更喜爱做的事是与自己共欢。你必须来到哀伤的门前，然后穿越它。这是一份可以共享的奇妙礼物，我们都能从那里抵达此处。

下个月，我"摆脱前任"一周年的纪念日就要到了。我现在的生活已迥然不同，简直太不可思议了。那场灾难性的感情与糟糕的结局，居然改变了我的人生，赋予我看待一切的全新视角。尽管它曾经引起我的诸多痛苦，但现在我对此十分感激。一段时间后，我最终遇见了生命中契合我的那个人。在发现你的博客、参加培训前，我一直在寻寻觅觅，只是为了有个能够"受得了"我的人。做了功课，明白了自己的模式，我才意识到，我居然是个逆来顺受的可怜虫！怪不得那些女人会抛弃我。做了关系梳理，我成了快乐的单身族，开始寻觅那些想要找个好男人且不耍心机的女人。我并没有急于投入下一段恋情，而是慢慢来，小心谨慎地选择。现在，我正在和一个健康的女人建立恋爱关系。看，情况不错！

你提到"选择器"时，我确实认为自己有个"蹩脚的选择器"，要修正它的唯一办法就是进行关系梳理，开始观察吸引我的那些人。光靠发挥想象是难以做到这一点的。我开始做出改变，有了些成长，然后我注意到，与以往相比，自己现在吸引的人健康多了。约会一段时间后，我采纳了"健康约会"指南，现在正在专一地和一个男人约会，情况看上去相当不错。我的惯性是会为了男人放弃生活的全部，但这次不会了。他不仅理解我有参与其他活动的需求，还会鼓励我这样！我再也不会让别人成为自己的整个世界。感谢您的帮助！

最后一封信来自一位女士，她是博客的第一批读者，她就像海绵一样从"走出过去"博客里的种种原则中汲取着养分。我们经常通过邮件交流，在一次培训课程上我见到了她。她很漂亮，现在和一个体贴的男人有了健康的婚姻。她的来信使我深受触动。祝愿你们都能取得同样的成功。

亲爱的苏珊：

你知道的，我是在分手后的日子里偶然遇到了你的"走出过去"博客与邮件交流后援团。那时，我的生活在很多人眼里都是成功的，我是那种能"出双入对"的女人。可是，内心里，我却感到深深的悲凉，我的感情生活并不尽如人意。我的自我防御机制发展过度，而关系边界却很不健全。我觉得，所谓的自我关照就是自私自利。我觉得，肯定语那套要么是狂妄自大，要么只是空泛地浪费时间。我常常会感到焦虑、悲痛或愤怒。我的感情只是再现了原生家庭的三角病态。我残留着旧有的哀伤，却不知如何将其终结。我知道，您是看着我一路走过哀伤康复过程的。不过，今天这封亲笔信是为了表达我的万分感谢，谢谢你为我、为我们这些人所做的一切。

上个十年里，我在个人与团体治疗中取得了些许进展。然而，在你的建议和鼓励下，以你为榜样，我竟然实现了人生的转变。我阅读你的博文与 / 或参与你的博客互动，似乎已经超过一年时间了。我参加了你的邮件交流小组。我依照你教导的内容去看待自己的过去，对不如意之处和无法复原之处表达哀伤，而对好的方面则发现值得感恩的地方。这样做了之后，我更加了解自己、更爱我自己了，我由衷地感觉自己充满了力量。

在所有这些自我提升之外，我还与妹妹建立起了更加牢固、真诚的关系，同时，也和一位很棒的男士享受着健康的、令人满意的恋情。我会再接再厉的，不过，戏剧性模式已经在转变了，我觉得我会一直走在美好人生的大道上。我知道，我已经足够强大，也有足够的能力面对未来道路上不可避免的种种挑战。

有句话是这样说的，当你准备好时，老师就会出现……哇，苏珊，你真的是名副其实呢。感谢你成为我的良师益友。

爱你的

凯西

致 谢

没有作者能单独写成一本书，我也一样。在写作本书的过程中，我得到了大量的支持和帮助，所以我想感谢的人很多。

我的丈夫迈克尔·迪卡洛（Michael DiCarlo），感谢他的爱，感谢他的陪伴，感谢他的信任，那是一种任何人都不曾给予过我的信任。我想对他说："我真的好爱你。"

我俊朗的外孙德里克（Derek），因为有你，我的每一天都在欢笑中度过。

我的兄弟们里基（Ricky）和比利（Billy），我爱你们。

我最好的朋友卡洛塔·卡西迪（Carlotta Cassidy），感谢你坚定不移地理解我，支持我。

我亲爱的朋友芭芭拉·麦卡锡（Barbara McCarthy），感谢你一直在我身边。

感谢支持我的朋友们：玛丽安·埃里克森（Marian Erickson）、坎迪斯·库克（Candice Cook）、梅莉萨·万德希（Melissa Wandersee）、珍妮·莱内尔（Jenny Rynell）和马丁·帕斯卡（Martin Pascual）。

我的儿媳妇克里丝滕（Kristen）和希瑟（Heather），我的弟媳凯茜（Kathy）和玛丽昂（Marion）。

感谢我一路上的导师、老师和赋予我灵感的人：谢里尔·卡布拉尔（Cheryl Cabral）、贝弗利·霍尔（Beverly Hall）、罗德尼·海斯（Rodney Hayes）、肯·哈蒙德（Ken Hammond）、凯蒂·森德兰（Katie Sunderland）、悲伤康复研究所的杰姬·佩尔斯（Jacquie Pells）和约翰·詹姆斯（John James），以及太平洋研究所的卢·泰斯（Lou Tice）。

感谢我的代理人戴安娜·弗里德（Diane Freed），感谢FinePrint 文学管理公司的卓越团队。

感谢我的编辑，Da Capo 出版社的凯蒂·麦克休（Katie McHugh），谢谢你对本书的信任。

琼（Joan）和安东尼·尼托利（Anthony Nittoli）、特雷莎·安迪丝 - 迪卡洛（Theresa Andis-DiCarlo）、马克·卡利（Mark Carley）、朱莉·卡洛（Julie Carlo）、托尼·尼托利（Tony Nittoli）、乔·杰斯纽威斯基（Joe Jasniewski）、凯西·福克斯（Kathy Fox）、冯内·克兰默（Vonne Cranmer）、吉娅·戈德曼（Gia Goldman）、莱克茜·范伯格（Lexi Feinberg）、比特丽斯·B.（Beatrice B.）、尼克·基奥迪尼（Nick Chiodini）、埃里克·埃尔金斯（Eric Elkins）、布伦达·墨菲（Brenda

Murphy）、劳拉·杰琳（Laura Jelin）、艾琳·麦克唐纳（Eileen MacDonald）、卡拉·哈特（Kara Harter）、珍妮·马奥尼（Jenny Mahoney）、吉娜·赖特（Gena Wright）、帕特里克·里德基（Patrick Lidji）、L. 费利佩·吉马良斯（L. Felipe Guimaraes）、保罗·亚历山大（Paul Alexander）、梅甘·麦克劳德（Megan MacLeod）、卢西·亨特（Lucy Hunt）、莉比·休格尔（Libby Huegel）、希瑟·贝克（Heather Baker）、妮科尔·卡西克（Nicole Cusick）和吉纳维芙·赛贝斯塔（Genevieve Sebesta）。

感谢我所有的博客读者、培训学员、私人教练客户和会议参与者，以及所有曾鼓励我"把这些写进书里"的人。

在 20 余载的求知与研究生涯中，还有那么几本书，也曾触动我的心，敲击过我的灵魂，从而改变了我的人生，对我的工作也产生了深远的影响。在此，我想感谢那些书的作者：梅洛迪·贝蒂（Melody Beattie）、罗宾·诺伍德（Robin Norwood）、苏珊·福沃德（Susan Forward）、克拉丽莎·平科洛·埃斯蒂斯（Clarissa Pinkola Estés）、特蕾丝·兰多（Therese Rando）和恩德里娅·莱雯（Ondrea Levine）。

迈克尔，我一生的挚爱，在我写完本书后，被诊断出患有晚期脑癌。对我而言，失去亲爱的迈克尔是种无比沉痛的打击。但是，倘若我不曾试过改变自己的人生，我就永远无法领会到他的爱。他是这般特别。年年岁岁与君同，岁岁年年锦绣时。

我是那般呵护着他，他是那般呵护着我。我会永远感恩，感恩有他与我共享人生。如果未曾做那些功课，我也就不可能拥有这样的爱。